BIBLIOTHÈQUE
DES CHEMINS DE FER

DEUXIEME SÉRIE

HISTOIRE ET VOYAGES

Imprimerie de Ch. Lahure (ancienne maison Crapelet)
rue de Vaugirard, 9, près de l'Odéon

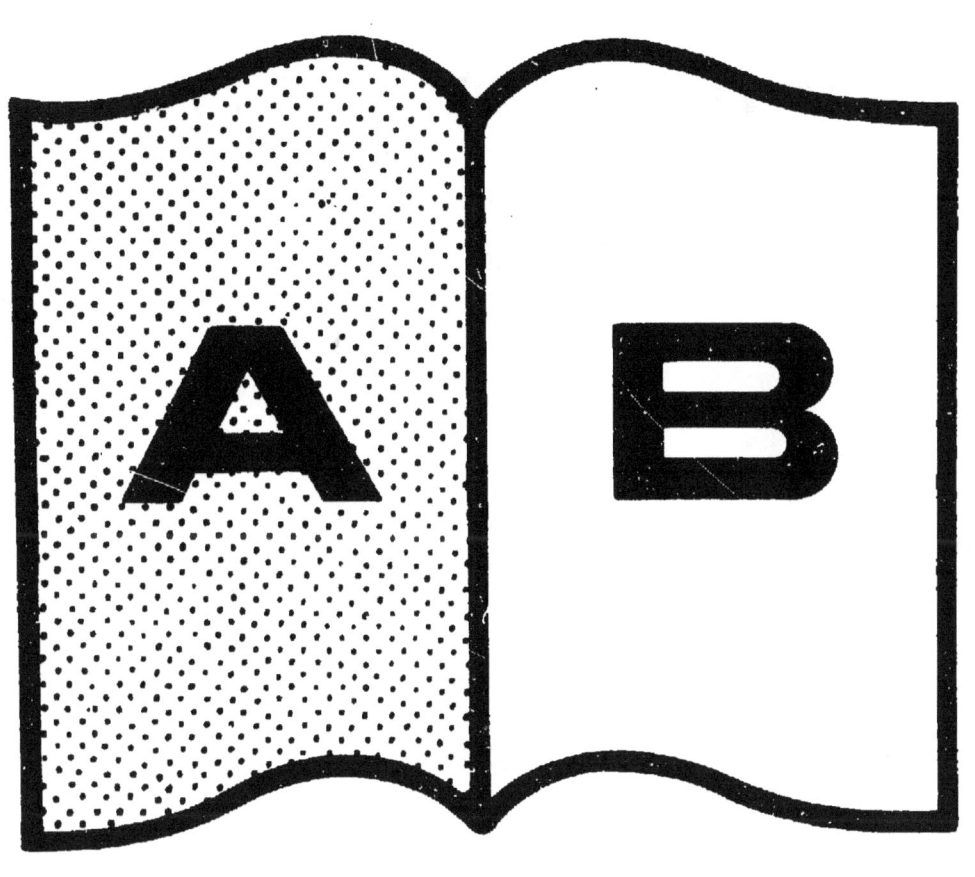

Contraste insuffisant

NF Z 43-120-14

LES
ÉMIGRÉS FRANÇAIS
DANS LA LOUISIANE

(1800-1804)

PARIS

LIBRAIRIE DE L. HACHETTE ET Cie

RUE PIERRE-SARRAZIN, N° 14

1853

AVERTISSEMENT.

L'auteur de ces épisodes de la vie américaine a gardé longtemps, comme Walter Scott, le masque de l'anonyme; comme l'illustre romancier écossais, il semblait vouloir léguer à la postérité seule le secret de son nom; et, Walter Scott étant mort, il se contentait d'être à son tour le *grand inconnu*, titre qui lui était unanimement décerné en Amérique, en Angleterre et en Allemagne. Ce qu'il y avait de particulier dans ce mystère littéraire, c'est que les Américains faisaient leur compatriote du grand inconnu, prétendant qu'un citoyen des États-Unis pouvait seul décrire ainsi la nature pittoresque du nouveau monde, et les mœurs des diverses races qui y remplacent les aborigènes. D'ailleurs, ses esquisses et ses grands romans paraissaient en même temps dans la langue anglaise et dans la langue allemande : autre difficulté pour décider si le grand inconnu des deux mondes écrivait d'abord dans l'idiome de Goëthe ou dans l'idiome de Fenimore Cooper. On découvrit enfin que le mystérieux romancier était un Allemand qui avait longtemps vécu en Amérique. Il s'appelle Scalsfield, et habite aujourd'hui, dit-on, en Suisse, près de Zurich. Nous ne nous hasarderons pas à raconter les détails de sa vie, car, s'il faut tout dire, quelques personnes veulent encore que le nom sous lequel il a consenti enfin à accepter la responsabilité de ses ouvrages ne soit qu'un pseudonyme substitué à un anonyme.

Les récits que nous publions aujourd'hui ont pour traducteur un écrivain qui désire lui aussi rester *inconnu*.

Z. Z.

LES
ÉMIGRÉS FRANÇAIS
DANS LA LOUISIANE.

I.

L'ARRIVÉE.

1. La Nouvelle-Orléans.

Nous avions quitté l'Europe vers le milieu d'avril : après trois mois d'une pénible navigation, nous arrivâmes, au commencement de juillet, sur ces plages arides qui s'étendent à l'embouchure du Mississipi. Nous remontâmes le fleuve jusqu'à la Nouvelle-Orléans[1] : la ville était déserte et ses maisons fermées ; ses rues, sales et fétides, étaient jonchées d'os à demi rongés de carcasses sur lesquelles s'acharnaient des bandes de corbeaux ; mais on ne voyait pas une créature humaine. Notre navire était le seul qui fût dans le port.

---

1. Ville principale de la Louisiane, États-Unis d'Amérique.

Nous étions dans une véritable cité des morts, abandonnée de tout ce qui avait vie.

Enfin, après beaucoup de peine, nous découvrîmes une mauvaise auberge, tenue, disait l'enseigne, par Pierre Brodain. Comme nous nous disposions à y entrer, la porte s'ouvrit et deux nègres sortirent portant un cadavre. « Bonne chance, mes amis! dit gaiement Lassalle; voilà qu'on nous fait de la place. »

Ce Pierre Brodain était un enfant de la Gascogne, au teint hâlé, le visage grêlé de petite vérole, avec un gros nez retroussé et des yeux de renard, bordés de rouge et toujours en mouvement. Lorsqu'il nous vit arriver, il nous toisa de la tête aux pieds, puis, ayant crié à ses nègres de revenir bien vite et de laisser au cadavre ses vêtements, parce que l'individu était mort de la fièvre jaune, il rentra, sans s'inquiéter le moins du monde de nos besoins actuels ou de notre pratique future.

Nous hésitâmes un instant, indécis de savoir si nous nous risquerions dans ce bouge. Enfin nous prîmes bravement notre parti et nous entrâmes en masse : nous étions dix, y compris nos domestiques. Nous nous étions embarqués quelques mois après le 18 brumaire. La vigueur avec laquelle Bonaparte s'était emparé des rênes du gouvernement, et la fermeté avec laquelle il les tenait avaient mis un terme à notre carrière. Notre rôle était fini, ou plutôt, à l'âge que nous avions, on pouvait à peine dire qu'il eût jamais commencé : nous nous étions battus pour notre roi et nos droits héréditaires tant que nous avions eu devant nous un adversaire vulnérable; mais nous jugeâmes alors qu'il était temps de quitter la partie et d'aller nous bâtir dans quelque coin du monde une chaumière avec les débris que nous avions pu sauver du naufrage. Tout l'avenir de notre petite colonie reposait sur moi et sur mes deux amis Hauteroche et Lassalle. Tous trois nous étions jeunes et pleins d'activité et d'énergie.

Pierre Brodain condescendit enfin à sortir de derrière son sale comptoir et à nous honorer de quelques paroles. Lorsque nous lui eûmes dit que nous étions les passagers qui venaient de débarquer, ses traits prirent une expression de ruse, et il nous demanda si nous voulions loger chez lui. Nous n'avions pas à choisir : nous entrâmes donc dans la salle commune, où une douzaine d'Espagnols, de quarterons et de mulâtres libres étaient attablés, fumant, buvant et riant. On nous conduisit dans une arrière-pièce et nous nous assîmes sur des chaises et des bancs. Il faisait une chaleur atroce, et notre promenade à travers la ville, sous cette atmosphère de plomb, nous avait complétement abattus.

Après avoir soumis nos personnes à un nouvel examen, dont le résultat nous fut, à ce qu'il paraît, favorable, quoique notre toilette, à vrai dire, ne fût pas brillante, Brodain sortit, et sans que nous lui eussions donné aucun ordre, il revint au bout de quelques minutes avec un panier de bouteilles de bordeaux et une douzaine de cigares. Pour la première fois, nous dégustâmes notre vin sur le sol de la Nouvelle-France.

Il fallait cependant songer à nos affaires. Je tirai mon portefeuille de ma poche, et mes amis suivirent mon exemple. Notre hôte, qui nous observait par la porte entr'ouverte, rentra sous je ne sais quel prétexte, rôda pendant quelque temps autour de nous comme un renard autour d'un poulailler, puis regardant avec une impertinente familiarité par-dessus les épaules d'Hauteroche et de Lassalle : « Ah ! des lettres de recommandation ! fit-il d'un air dédaigneux, des lettres pour M. de Boutigny ? il n'est pas en ville M. de Boutigny ; pour le baron de Vattemare ? il est à la campagne le baron de Vattemare. Mais c'est bien, fort bien ; ce sont de bonnes recommandations. » Puis, s'adressant directement à mes deux amis : « Avez-vous, leur dit-il, cinq mille dollars de rente ? » Hauteroche et Lassalle le regardèrent avec étonnement. « Si vous avez chacun cinq mille dollars de rente, c'est à merveille. Dans ce cas vous pourrez, avec vos lettres de recommandation, vous procurer quelque aimable personne, une quarteronne ou quelque autre compagne du même genre, pour vous aider à manger vos écus. Il y a beaucoup de messieurs ici qui vous donneront là-dessus toutes les instructions nécessaires. Vous êtes de la Bretagne? dit-il brusquement à Lassalle, dont il venait de parcourir des yeux une des lettres.

— Oui, répondit celui-ci.

— Et vous avez une lettre pour les Attakapas[1]?

— Précisément.

— Vous avez reçu ce qu'on appelle de l'édution?

— Je le crois.

— Vous savez un peu de pharmacie, n'est-ce pas? de chirurgie? de.... de.... »

Lassalle était stupéfait.

« Eh bien! poursuivit ce rustre, j'ai un conseil à vous donner, et souvenez-vous que ce conseil, c'est Pierre Brodain qui vous le donne. Quittez cette ville, quittez-la le plus tôt que vous pourrez si vous ne voulez en sortir comme l'individu que vous avez vu emporter tout à l'heure. Vous avez étudié la pharmacie, dites-vous, et il enfonça ses deux mains dans les poches de son gilet, attendu l'absence de son habit, vous avez étudié la phar-

---

[1]. Les Attakapas, tribu indienne presque entièrement détruite, et qui a donné son nom à l'un des comtés de l'État de la Louisiane.

macie, ou, ce qui revient au même, la médecine, car ici on n'y regarde pas de si près? Eh bien! allez aux Attakapas; c'est moi, Pierre Brodain, qui vous le dis. Les fièvres y règnent maintenant, entendez-vous? les fièvres intermittentes.... Balot? cria-t-il en se tournant du côté de la porte, Balot! n'est-il pas vrai que les fièvres règnent maintenant aux Attakapas?

— Maintenant? répondit Balot en se présentant à l'entrée de la chambre avec sa trogne enluminée et un verre de rhum à moitié vide à la main, dis donc *toujours*. A ta santé, Brodain! » et vidant d'un trait son verre, il le jeta à l'hôtellier, qui l'attrapa comme un singe dressé à cet exercice et sortit.

Nous demeurâmes muets, ébahis, confondus, nous regardant les uns les autres, puis cet ivrogne de Balot qui, planté devant nous, nu-pieds, sans chapeau ni chemise, nous examinait avec des yeux hébétés. Brodain rentra, et après avoir offert à ce misérable le verre qu'il était allé remplir, adressa de nouveau la parole à Lassalle : « Allez aux Attakapas, vous dis-je : vous guérirez les autres et vous ferez vos affaires; c'est là qu'il faut aller quand on veut gagner de l'argent. A propos, en avez-vous de l'argent? » Et interprétant sans doute le silence dédaigneux de notre ami comme un aveu de son dénûment pécuniaire : « Vous n'en avez point, n'est-ce pas? Eh bien! c'est égal; vous en aurez bientôt, tout de suite si vous le voulez. Vous avez là une chaîne en or, et je présume que la montre est au bout. Je vous avancerai vingt dollars et vous me laisserez la montre avec la chaîne en gage. Vous achèterez des drogues, ou, si vous l'aimez mieux, je les achèterai pour vous. Avec vingt dollars de drogues, vous pouvez médicamenter tous les Attakapas. Le calomel est la chose essentielle, je vous en préviens; ainsi faites provision de calomel. Je vous prêterai vingt dollars, comme j'ai l'honneur de vous le dire, et je vous avancerai en outre votre passage. Je ne vous prendrai que cinq pour cent par mois; c'est une bagatelle, mais je vous traite en compatriote, il ne faut jamais écorcher les compatriotes : un autre vous aurait demandé dix pour cent. Et maintenant, arrangez-vous pour partir le plus tôt possible.

— Oui, répéta Balot comme un écho ; arrangez-vous pour partir le plus tôt possible. »

Lassalle ainsi expédié, ce fut mon tour. « Vous êtes gentilhomme? me demanda notre hôte, d'un air goguenard et d'un ton grossier.

— Je le pense, répondis-je.

— C'est possible; il n'en manque pas. Moi aussi, tel que vous me voyez, je suis gentilhomme de naissance. J'ai été ce que vous êtes, et j'ai fait figure à la cour. Mais n'importe! Voulez-vous aussi aller aux Attakapas!

— Peut-être.

— C'est entendu : va pour les Attakapas ! Avez-vous des espèces ?

— Je ne les ai pas comptées.

— Bravo ! Et moi non plus, je ne comptais pas les miennes, quand je n'en avais point; on ne compte guère quand la bourse est à sec. Ainsi, vous voulez aller aux Attakapas ? Eh bien ! je vous dis, moi, que vous ferez mieux d'aller à Natchitoches[1]. Allez à Natchitoches, vous dis-je, avec de la poudre, du plomb, un petit assortiment de mercerie, et vous pourrez faire le commerce avec les Indiens et les nègres : dix dollars vous suffiront. Je vous avancerai dix dollars, et vous me laisserez un gage. Cinq pour cent d'intérêt, comme à votre camarade, et je me charge de payer votre fonds de magasin. C'est convenu, n'est-ce pas? » Et dans la chaleur de son discours, il m'avait pris par un des boutons de mon habit.

« Misérable ! s'écria mon domestique Baptiste. Oses-tu parler ainsi à M. le comte ?

— Qu'est-ce que cela vous fait, l'ami ? répliqua Brodain en toisant insolemment son nouvel interlocuteur. Mêlez-vous de vos affaires, s'il vous plaît. Si M. le comte est satisfait, qu'avez-vous à dire ? S'il ne l'est pas, cela ne vous regarde pas davan-

---

1. Ville de la Louisiane, sur la rivière Rouge.

tage. Dans l'un comme dans l'autre cas, si mes manières ne vous conviennent point, voilà la porte; » et il alla l'ouvrir.

« Monsieur le ci-devant gentilhomme, reprit lentement Baptiste en articulant nettement chaque syllabe, me connaissez-vous ? »

Cette simple question parut déconcerter notre homme; il perdit son air arrogant, et répondit en balbutiant : « Je ne vous connais pas.

— Eh bien! moi, je te connais, poursuivit Baptiste en élevant progressivement la voix; je te connais, Jacques Pajol, fils du savetier Pajol et de la blanchisseuse Jeannette, ci-devant tambour au régiment de Provence! Ne te souvient-il plus du sergent Baptiste?» et il leva sa canne, tandis que le faux Pierre Brodain, confus et effrayé, courait par la chambre.

« Jacques Pajol, reprit Baptiste, écoute-moi bien! Les bagages de ces messieurs et les nôtres sont restés à bord du navire qui nous a amenés. Si, dans une heure d'ici, ils ne sont pas rendus à terre, avec le permis de débarquement, cette canne que tu vois exécutera un cotillon sur ton dos. »

Cette reconnaissance inattendue de son identité semblait avoir opéré dans la personne de notre hôte une transformation soudaine et complète; toute son impudence s'était évanouie, et s'exécutant de bonne grâce, il sortit pour aller s'occuper de nos bagages. Quant à nous, cette petite aventure nous avait mis en belle humeur, et, à vrai dire, nous avions besoin d'une certaine excitation morale pour lutter contre le découragement que notre position était bien faite pour inspirer, jetés, comme nous l'étions, dans un nouveau monde, et isolés au milieu d'une ville inhospitalière, en proie à des influences pestilentielles, abandonnée de ses habitants, où il ne restait que le rebut de la population, exploitant les malheureux que le hasard jetait entre ses mains.

Nous étions donc à rire en sablant le bordeaux, qui faisait, du reste, honneur au bouchon, lorsque notre homme rentra, accompagné d'un petit Espagnol, sec et maigre, car la Louisiane, à cette époque, appartenait encore à l'Espagne. L'hidalgo portait un habit marron, qui datait probablement du temps où il étudiait à Salamanque, car ses bras dépassaient de six pouces au moins les poignets des manches; ses jambes, de formes également grêles, flottaient dans un haut-de-chausses dont l'apparence accusait les longs services. En entrant, il toucha de la main son tricorne avec une dignité tout officielle; puis, ayant décliné la longue série de ses titres et de ses noms, dont je ne pus retenir que don Henriquez, il nous regarda fixement, comme s'il attendait une réponse.

Nous nous étions levés. Après avoir adressé

quelques compliments à ce personnage, qui paraissait peu communicatif, je lui demandai si don Lope de Salceda, le gouverneur, était en ville.

« Son Excellence M. le gouverneur général, civil, politique et militaire de la Louisiane et de la Floride occidentale, est en tournée d'inspection, répondit l'Espagnol qui, en parlant de Son Excellence, avait respectueusement ôté son chapeau, puis l'avait replacé sur sa tête.

— Pardon, repris-je, voyant que son orgueil castillan avait été choqué du peu de cérémonie avec lequel j'avais parlé de son supérieur; nous avons une lettre de recommandation pour Son Excellence, et je regrette que nous soyons privés de l'honneur de lui présenter nos devoirs en personne. »

Ces paroles parurent calmer un peu notre hidalgo, et je me hasardai à lui demander si M. le surintendant des finances était en ville.

L'hidalgo répondit gravement : « Son Éminence M. le surintendant des douanes royales de la Louisiane et de la Floride occidentale, inspecteur des domaines de la couronne, juge de l'amirauté et président de la chambre de commerce desdites provinces, est à la campagne.

— Nous sommes porteurs, dis-je, d'une concession de terres dans les Attakapas, octroyée par S. M. le roi Louis XV, et nous désirons remplir toutes les formalités nécessaires pour prendre possession.

— Son Excellence don Marino Nicola Vidal Charez Fanavarri de Madrigal Valdez, gouverneur civil par intérim, auditeur militaire pour les provinces de la Louisiane et la Floride occidentale, grand juge, etc., etc., etc., est en ville, mais il ne reçoit personne. »

Pour toute réponse, je tirai de ma poche une couple de pièces d'or, que je fis jouer négligemment entre mes doigts. La figure de l'Espagnol demeura impassible, mais il se rapprocha de moi. « Son Excellence, dit-il, ne reçoit personne. C'est une règle dont elle ne s'écarte que dans un seul cas, lorsque don Henriquez juge que les affaires d'État sont assez importantes pour prendre sur lui d'interrompre les loisirs précieux de Son Excellence. »

Je laissai tomber un louis dans sa main. Le drôle examina la pièce, puis ajouta sèchement : « Une seconde condition est nécessaire pour arriver jusqu'à Son Excellence. »

Je lâchai ma seconde pièce. « *Muy bien*, fit l'Espagnol, mais ces messieurs désirent sans doute aussi faire débarquer leurs bagages? Vous plait-il de remplir tout de suite la condition? ou bien.... »

Je fus forcé de mettre encore une fois la main à la poche. « Deux conditions suffisent, » dit l'honnête agent de Sa Majesté Catholique.

Toutes les *conditions* étant enfin remplies, l'hidalgo nous fit un salut, et, nous invitant à l'accompagner, se dirigea gravement vers la porte, et de là sur le quai. Nous le suivîmes, et l'on nous remit nos bagages, qu'on avait montés d'avance sur le pont du navire. Tandis que nos gens, aidés par les nègres que Pajol avait envoyés avec nous, étaient occupés à les transporter à son auberge, don Henriquez me tira un peu à l'écart. J'ai oublié de vous dire que le capitaine, au moment où nous mettions pour la première fois pied à terre, avait disparu avec nos passe-ports, laissant le bâtiment sous la garde des deux matelots.

L'hidalgo me demanda lequel de nous était le chevalier de Mazanares. Ce titre, que j'avais hérité d'un de mes ancêtres, noble espagnol, avait contribué puissamment à rendre notre guide plus gracieux à notre égard, j'entends gracieux autant qu'un fonctionnaire espagnol puisse l'être. Il me fit donc signe de le suivre et voulut bien, sur ma demande, accorder la même faveur à Lassalle, mais seulement après que je lui eus donné l'assurance réitérée qu'il était aussi gentilhomme. Nous gagnâmes la rue du Rempart, en suivant la rue Saint-Louis, encombrée de toutes sortes de débris et d'immondices, qui la rendaient presque impraticable. Cette courte promenade suffit pour éteindre toute notre gaieté. Comment pouvait-on exister dans une atmosphère aussi corrompue? C'était pour moi un problème parfaitement insoluble. Je dois, pour rendre hommage à la vérité, m'empresser d'ajouter qu'effectivement nous n'aperçûmes pas une créature humaine ; mais en revanche, des centaines d'alligators et d'autres animaux immondes s'agitaient dans la vase des fossés : ce furent les seuls êtres vivants qui frappèrent nos regards. Les maisons n'avaient la plupart qu'un rez-de-chaussée, avec un large toit en saillie : nous nous arrêtâmes devant une d'elles.

L'Espagnol nous jeta un coup d'œil significatif, posa l'index sur ses lèvres, et nous fit signe de nous retirer un peu à l'écart, en ajoutant : « Son Excellence se délasse en ce moment des soucis des affaires d'État. » Puis il s'avança seul vers la maison et frappa à la porte. Une voix rude et criarde demanda : « *Que es eso?* — Dón Henriquez, » répondit notre guide. Bientôt la porte s'ouvrit : « *Ave, Maria purissima*, dit le galant hidalgo. — *Sin peccado concebida*, » répliqua en riant la personne qui avait ouvert, et la porte se referma.

Nous restâmes pendant quelques minutes en contemplation devant cette porte mystérieuse. Enfin elle s'ouvrit de nouveau ; notre guide entra, après nous avoir invités du geste à le suivre, et nous introduisit dans une pièce assez vaste, mais où régnait un incroyable désordre.

Derrière une table sur laquelle étaient entassés pêle-mêle des corsets, des éventails à moustiques, des verres contenant encore des restes de punch à l'ananas, de vieux caleçons, des jarretières et autres objets semblables, était assis le personnage à qui je fus présenté, avec une profonde révérence, comme le chevalier de Mazanares. Il portait une culotte courte, ouverte aux genoux, mais point de bas; un de ses pieds était fourré dans une vieille pantoufle, l'autre se montrait dans un état complet d'indépendance. Il avait passé un habit noir par-dessus sa chemise, un chapeau à trois cornes était fièrement campé sur sa tête, et, quoique assis, il avait l'épée au côté. C'était là Son Excellence le vice-gouverneur, le plus vilain singe, soit dit en passant, que j'aie vu de ma vie.

Après quelques compliments préliminaires, je lui présentai nos parchemins. Il nous examina d'un air solennel, puis fit signe à don Henriquez; celui-ci lui donna ses lunettes, que Son Excellence ajusta méthodiquement sur son nez, après quoi elle parcourut nos titres. Quand elle eut fini, elle se leva, et, sans prononcer une parole, balaya de sa main droite les objets de tout genre et de toute dénomination qui encombraient la table, à l'exception du bol à punch et des verres, si bien que le plancher de la chambre en fut jonché. Cela fait, elle se rassit.

« *Por todos los demonios!* » s'écria du dehors la même voix rude et perçante que nous avions déjà entendue; presque en même temps une porte vitrée, qui communiquait avec la pièce voisine, s'ouvrit et livra passage à une créature dont l'apparition faillit nous faire perdre le sérieux que nous nous étions efforcés de garder jusque-là. *Caraco!* dit-elle en élevant la voix, *que querer decir eso? el viejo novale!* »

Notre señor parut quelque peu troublé par cette entrée en scène, et cela se conçoit, car la beauté qui se présentait aussi cavalièrement était une mulâtresse, et une mulâtresse en déshabillé! Du reste, elle était jeune encore et d'un embonpoint remarquable.

« *Que es este?* demanda le vice-gouverneur en jetant sur la donzelle un regard interrogateur, et prenant une prise de tabac avec un flegme tout castillan. — *Que es este?* répéta-t-elle furieuse, *que es este?* — *Ed verdad*, ajouta-t-elle sur un autre diapason, en forme d'aparté, *el babo viejo novale.* » Elle se mit alors à ramasser, avec le sans-façon le plus étonnant, les hardes qui gisaient par terre; puis se tournant, toujours dans son simple appareil, c'est-à-dire en chemise, vers don Henriquez : « *Ah! caro mio!* lui dit-elle, *que hay de nuevo? estraños?* » et elle nous lança quelques œillades expressives.

« *Seas decente*, reprit Son Excellence avec le

même air apathique, et en s'administrant une seconde prise de tabac, *seas decente, y manda por un padre, y trae un puerco, en donde echar el demonio*[1]. »
En même temps il se leva et s'avança gravement vers elle ; mais comme il allait lui prendre la main, elle repoussa la sienne, et s'enfuit dans l'autre chambre.

Nous supportâmes sans sourciller le regard scrutateur du vieux gouverneur, et bien nous en prit. Il alla se rasseoir sans dire un mot. Don Henriquez tira de la poche de son habit une plume et une écritoire ; le vice-gouverneur, ayant signé les pièces, les lui remit, en lui recommandant d'y apposer le sceau de l'État ; puis il nous congédia avec un *buen viage*, et ferma sa porte à clef.

Nous pûmes alors donner un libre cours à notre hilarité longtemps comprimée et rire tout à notre aise de la grotesque figure du second représentant de Sa Majesté Catholique dans les provinces de Louisiane et de la Floride occidentale, le célèbre Vidal, qui déshonorait par son avarice sordide le gouvernement, d'ailleurs doux et humain, de l'Espagne ; mais cet accès de gaieté passa bientôt. Il y avait, dans cette caricature du vice, quelque chose de si ignoble, de si tristement hideux, que nous

1. « Comportez-vous décemment, et envoyez quérir un prêtre, avec

nous hâtâmes de regagner notre auberge, comme si la peste elle-même eût été à nos trousses; nous n'avions plus qu'une idée fixe, c'était de sortir de cette maudite ville. Nous n'eûmes pas plutôt rejoint nos amis, que nous leur déclarâmes que nous étions résolus à nous mettre en route sur-le-champ pour les Attakapas. Tout le monde se rangea à notre avis, et le départ fut fixé pour le lendemain matin, à la pointe du jour.

Nous chargeâmes Jacques Pajol de faire les arrangements nécessaires avec Balot, qui s'était offert pour nous conduire aux Attakapas. Mais Pajol secoua la tête, et répondit qu'il ne voulait pas se mêler de notre voyage. « Nous ferions mieux, ajouta-t-il, d'envoyer nos lettres de recommandation et d'attendre les réponses. »

Cette suggestion n'était guère admissible; il eût fallu attendre plusieurs jours, et, pour des gens comme nous, qui n'étions point acclimatés, chaque heure de retard était grosse de danger. Nous en fîmes la remarque à notre hôte, en lui rappelant qu'il nous avait lui-même engagés à partir le plus promptement possible.

Il parut embarrassé; cependant il persista, disant que si nous ne voulions pas rester à la Nouvelle-Orléans, nous n'avions qu'à traverser le lac Pontchartrain. « Et laisser nos bagages entre tes mains, n'est-ce pas? ajouta Baptiste en lui frappant sur l'épaule. — Mieux vaut laisser vos bagages à la Nouvelle-Orléans que d'y rester vous-mêmes, » répondit Pajol qui semblait encore plus découragé que nous. Il avait en effet, dans ses manières, quelque chose d'inquiet qui nous eût frappés tout d'abord, si l'idée de partir n'avait, en ce moment, absorbé toutes nos facultés. Cajoleries et menaces, rien ne put l'ébranler : « Si vous voulez partir avec Balot, répéta-t-il, libre à vous ; mais je m'en lave les mains. »

Nous nous regardâmes les uns les autres. Il y avait là-dessous, c'était évident, quelque chose qui n'était pas clair ; mais que faire, dans une position comme la nôtre ? Je pris Pajol à part, et lui demandai par quel motif il avait ainsi changé d'avis. Ce Balot n'était-il pas un honnête homme ? Je le suppliai de me parler franchement.

Il évita de répondre directement à ma question, se contentant de marmotter, en se parlant à lui-même, quelques mots dont je ne pus bien saisir le sens : il s'agissait de neuf pouces de fer froid. Puis il m'assura que Balot avait déjà conduit plusieurs centaines d'individus aux Attakapas.... mais il nous engageait néanmoins à passer de l'autre côté du lac Pontchartrain, où nous serions à l'abri des atteintes de la fièvre jaune.

En ce moment même Balot entra, et, après avoir jeté un regard défiant sur notre hôte, dont l'embarras augmenta visiblement : « Eh bien ! messieurs, dit-il, il est décidé que je vous mène aux Attakapas ? » Je remarquai qu'il était beaucoup moins ivre qu'on ne l'aurait supposé, après l'immense quantité de spiritueux qu'il avait ingurgités.

Cependant Pajol, qui se trouvait alors auprès de Lassalle, lui avait répété à l'oreille : « N'allez pas avec Balot; traversez le lac. » Je n'avais pas entendu ce nouvel avis, de sorte que j'entrai immédiatement en négociation avec notre futur patron. Celui-ci s'engagea à se trouver au quai le lendemain matin à cinq heures, avec son bateau et un équipage composé de dix rameurs, un contre-maître et lui pour capitaine; il demandait un dollar par jour pour chaque rameur, deux pour son second et trois pour lui. Le marché fut bientôt conclu. De temps à autre, Balot se tournait du côté de notre hôte qui, plusieurs fois, était sorti et rentré d'un air fort préoccupé, et qui, en passant devant Baptiste, lui avait glissé quelque chose dans la main. J'avais vu tout ce manége.

Tandis que je me débattais sur le mode de payement avec Balot, qui exigeait que la totalité du prix du voyage lui fût comptée d'avance, Baptiste avait trouvé le temps de parcourir le billet qu'il venait de recevoir. Il s'avança aussitôt vers Balot, et lui demanda quel chemin il avait l'intention de prendre.

Balot jeta un regard rapide autour de la chambre, mais Jacques Pajol avait disparu. « Quel chemin? s'écria-t-il brutalement et avec un ricanement grossier; quel chemin voulez-vous que je prenne, sinon le plus court et le meilleur? qu'est-ce que cela vous fait, d'ailleurs? vous allez par le même chemin que votre maître, et je me suis entendu avec lui. »

Les manières de cet homme commençaient à me déplaire souverainement. « Un instant, dis-je, monsieur Balot, sachez que Baptiste n'est pas notre domestique, mais un vieux compagnon, un ami, et veuillez considérer ce qu'il dit comme si nous le disions nous-mêmes.

—Eh bien! reprit Balot d'un ton bourru, nous allons par le *bayou*[1] de la Fourche.

—Non pas, répliqua Baptiste, cela ne fait pas notre affaire. Nous voulons aller, nous, par le bayou Placquemine.

—En ce cas, vous pouvez partir seuls; moi, je reste!

—Soit, » dis-je; car j'avais aussi quelques soupçons, quoique je ne comprisse pas bien le motif de la préférence que Baptiste manifestait pour le bayou Placquemine. Pendant les quinze jours que nous avions mis à remonter de l'embouchure du Mississipi à la Nouvelle-Orléans, nous avions ques-

---

1. On appelle *bayous* les petits affluents des grands cours d'eau de l'Amérique du nord, et quelquefois aussi des embranchements formés par le trop-plein des fleuves et des rivières.

tionné notre capitaine et les gens de l'équipage sur les voies de communication entre cette capitale et les Attakapas, et on nous avait dit que le *bayou* de la Fourche, qui se détache du fleuve à vingt-sept milles au-dessus de la Nouvelle-Orléans, était la voie la plus directe; le bayou Placquemine, qui est à douze milles plus haut, prend deux journées de plus. Cette dernière route donc aurait été plus avantageuse pour le patron, et son refus de la prendre n'en était que plus suspect.

« Et quel est votre avis, Baptiste? dis-je à notre vieux serviteur.

— Je crois, monsieur le comte, que nous ferions bien d'expédier nos lettres et de traverser le lac Pontchartrain, puisque cet homme refuse d'aller par le bayou Placquemine. »

Nous nous rangeâmes à cette opinion, pensant tous que Baptiste avait des motifs graves pour changer aussi subitement nos plans de voyage.

Balot nous regarda alternativement, Baptiste et moi, comme s'il eût pu nous poignarder. « Bah ! s'écria-t-il enfin, je tiens toujours les dix dollars, (c'étaient les arrhes que je lui avais payées); personne ne peut me les ôter, et avec cela, je m'amuserai. » En disant ces mots, il poussa un bruyant éclat de rire, et sortit.

Nous le vîmes s'éloigner avec un sentiment analogue à celui que doivent éprouver des marins naufragés, lorsque le navire dont ils attendaient leur salut disparaît à l'horizon ; et quelques minutes s'écoulèrent avant que nous songeassions à tourner notre mauvaise humeur contre Baptiste, et à lui demander pourquoi il avait ainsi trompé l'espoir que nous avions de quitter cette infernale ville.

Pour toute réponse, Baptiste nous montra le papier que Pajol lui avait remis. On y lisait les mots suivants, griffonnés au crayon : « N'allez pas par le bayou de la Fourche ; allez par le bayou Placquemine. Balot est un quarteron, et ses gens sont tous des noirs ou des mulâtres. — Bah! s'écria Lasalle ; quarteron, mulâtre ou blanc, qu'importe? Un quarteron vaut bien un blanc : Pajol est un imbécile. » Il est bon de vous dire que la négromanie était à cette époque fort à la mode en France.

« Monsieur, dit Pajol à travers la porte qui était restée entre-bâillée, si vous êtes en vie dans six semaines, vous ne direz pas que Pajol est un imbécile. »

Nous l'appelâmes et le pressâmes de nouveau de s'expliquer plus clairement; mais il s'y refusa positivement. Il ne s'était déjà, selon lui, que trop expliqué : tout ce qu'il pouvait dire, c'est que Balot et son équipage étaient des gens de couleur, et que les planteurs aimaient mieux voyager avec des Acadiens. Sur ce, il appela ses nègres, qui nous servirent à souper.

Nous nous mîmes à table, mais nous avions perdu l'appétit. La chaleur aussi était étouffante.

Comme nous achevions assez tristement notre repas, Balot reparut. « Messieurs, nous dit-il, je vous mènerai par le bayou Placquemine; mais il vous en coûtera la moitié plus.

— Vous serez payé sur le pied convenu, dit Baptiste.

— Eh bien! reprit-il, nous partirons demain à six heures. »

Cet arrangement nous convenait. Je fis un bon sur nos banquiers de la Nouvelle-Orléans, payable après notre arrivée à notre destination, et Balot s'en alla pour réunir son monde.

« Avez-vous des armes? » me demanda, quelque temps après, Pajol, d'un air indifférent. Je répondis que nous avions des pistolets, des fusils doubles et des sabres de cavalerie. « Les sabres sont bons, dit-il; mais il n'est rien de tel, en voyage, que les poignards. Je vous recommande les poignards.

— Croyez-vous donc que nous en ayons besoin?

— Je ne dis pas cela; mais c'est dans les choses possibles. » Et en disant ces mots il sortit.

Nous voulions échapper à tout prix à cette atmosphère pestilentielle : nous avions maintenant la presque certitude d'y réussir, et de plus la perspective d'un petit combat à l'arme blanche. C'était plus qu'il n'en fallait pour dissiper nos sombres idées et nous faire oublier la fièvre et cette température de feu. Pajol ne tarda pas à rentrer. Il rapportait six poignards espagnols, que nous dûmes échanger contre un pareil nombre de piastres. Ce petit épisode acheva de nous rendre toute notre gaieté, et après avoir achevé notre repas au milieu des joyeux propos et des éclats de rire, nous nous dirigeâmes vers notre coucher, que nous avions fait disposer dans une grange, à côté de nos caisses et de nos ballots. Nous avions en effet certains scrupules fort excusables à l'endroit des lits ordinaires de notre hôte, bien qu'il nous eût donné l'assurance que les chambres étaient aérées, et les matelas ainsi que les couvertures brûlés, toutes les fois qu'un individu mourait chez lui de la fièvre jaune. En dépit des moustiques et autres insectes sans nom, nous dormîmes d'un sommeil tranquille, que depuis trois mois nous n'avions pas connu.

Baptiste seul ne partageait pas notre heureuse insouciance; il ne voulut pas se coucher, et il ne faisait pas encore jour lorsqu'il vint nous réveiller.

« Eh bien! qu'y a-t-il de nouveau, Baptiste?

— Rien, messieurs, répondit notre vieux serviteur, sinon que je pense toujours que nous ferions mieux de traverser le lac Pontchartrain.

— Comment! à présent que notre marché est conclu? »

Baptiste secoua la tête. « Vous avez tort, croyez-moi, de vous fier à des gens de couleur. Je viens du cabaret, où j'ai vu une douzaine de gaillards dont la mine ne me revient pas du tout. Nous ne sommes pas connus ici : on peut nous conduire je ne sais où, et personne n'en saura jamais rien.

—Allons donc, Baptiste! s'écria Hauteroche; je vous croyais plus brave. Dix Français avoir peur de douze mulâtres! On se moquerait de nous, si on le savait. Quant à moi, je vous déclare que ma résolution est inébranlable. »

Lassalle et moi, nous éprouvions une certaine hésitation; mais Balot arriva sur ces entrefaites, et nous eûmes honte de lui laisser voir, à lui et à ses gens, ce que nous pensions d'eux. Nous fîmes donc transporter nos bagages sur le quai, puis à bord du bateau, sur lequel nous nous embarquâmes, comme des gens qui savent à peine s'ils veillent ou s'ils dorment.

II. L'esclavage aux États-Unis.

Nous avons ici un proverbe qui dit qu'un Européen qui arrive en Amérique est aveugle pendant sept ans; j'avouerai franchement, pour ce qui nous concerne, que nous étions, à notre arrivée, dans un état de cécité complète, et que nous restâmes longtemps étourdis de la nouveauté de notre situation. L'effet fut beaucoup moins sensible sur nos domestiques, et c'était bien naturel. En Europe, nous nous trouvions rarement en contact avec le peuple, et alors même, nos rapports avec lui étaient de supérieurs à inférieurs. Nous étions au nombre des rouages d'une grande machine, recevant l'impulsion d'en haut, et transmettant cette impulsion à d'autres ressorts. Nous savions faire manœuvrer des bataillons et des escadrons, briller aux grands et aux petits levers, tourner des bouts-rimés, siffler des tragédies et critiquer des romans. Nous espérions trouver à la Louisiane, sinon l'équivalent de ces occupations ou de ces plaisirs, du moins un lieu de retraite agréable ; mais ce que nous en avions vu détruisait amèrement toutes nos illusions.

Nous avions fait une sottise qui n'avait pas de nom, en nous jetant tête baissée dans le piége que Balot nous avait tendu. Je ne puis, aujourd'hui même, y songer sans me mettre en fureur. Nous remontâmes le Mississipi le plus tristement qu'i soit possible de concevoir, et j'ajouterai que, si nous le remontâmes, ce fut grâce à nous. Il nous fallut travailler comme des mercenaires et ramer comme des galériens ; car ces maudits fainéants ne faisaient que boire, sans parler de tous les autres tours qu'ils nous jouaient. Après que nous nous fûmes épuisés à faire pendant dix jours le métier de bêtes de somme, ils nous échouèrent, le soir du onzième, sur un tronc de cyprès couché en travers du bayou Placquemine, et sur lequel nous nous trouvâmes complétement à cheval, l'avant de notre bateau d'un côté, et l'arrière de l'autre. Nous avions fait une large voie d'eau, et au bout d'un quart d'heure nous en avions jusqu'à la ceinture. Nous dûmes nous défendre toute la nuit contre les alligators, dont les terribles mâchoires s'ouvraient de tous côtés pour nous saisir; quelques-uns eurent même l'audace d'entrer dans notre bateau. Pendant tout ce temps, les affreux hiboux du Mississipi voltigeaient autour de nous et nous battaient le visage de leurs ailes, en poussant leurs cris infernaux. Quant à Balot et à ses mulâtres, ils s'étaient emparés de la yole.

Nous avions complétement perdu la tête. Nous ne songeâmes à la yole que quand nous les vîmes pousser au large, se moquant de nous. Les marauds eurent alors l'impudence de nous demander mille dollars pour nous tirer de là. Nous les aurions bien volontiers payés en monnaie de plomb, mais par malheur nos armes à feu, mouillées par l'eau, étaient hors de service. Ils avaient emporté avec eux une balle d'effets qui m'appartenaient, et qui valait un millier de livres. Nous apprîmes plus tard que leur intention, dès l'origine, avait été de nous voler.

Nous restâmes échoués dans le *bayou* Placquemine pendant quatre jours entiers. Je renonce à décrire nos angoisses. Un rude mais honnête Canadien, le vieux Martin, nous aperçut, et vint nous prendre dans un bateau sur lequel nous continuâmes notre route vers les Attakapas, dont nous n'étions alors éloignés que d'une journée.

III. Les Attakapas.

A vingt-neuf et à trente-neuf milles au-dessus de la capitale, deux branches, appelées le bayou de la Fourche et le bayou Placquemine, se détachent de la rive occidentale du Mississipi ; c'est la route que l'on prenait autrefois et que l'on prend encore aujourd'hui dans la saison des grandes eaux, pous se rendre aux Attakapas. Pendant les mois de février, mars et avril, lorsque le fleuve s'élève au-dessus de son niveau ordinaire, ses eaux se précipitent avec violence par-dessus les masses de bois accumulées à l'embouchure de ces deux bayous, et qui forment là une véritable barre. C'est alors que commence la navigation sur ces branches latérales, navigation qui dure jusqu'à ce que les divers lacs et affluents de la rive droite du Mississipi aient atteint la même hauteur que celui-ci ; du moment où leurs eaux reviennent dans le lit du fleuve qui a recommencé à baisser, elle est interrompue de nouveau. A mesure qu'on avance dans ces canaux naturels, on s'aperçoit que le courant qui vous porte perd de sa force; cependant le voyageur assez heureux pour avoir échappé aux écueils dont leur entrée est hérissée, doit se préparer à affronter d'autres dangers non moins redoutables. Ces bayous sont traversés, coupés dans tous les sens par tant de rivières, de gouffres, de bas-fonds, qu'il est extrêmement difficile, même avec une connaissance exacte des localités, de se diriger à travers ce labyrinthe : ici, ils se déploient en un vaste lac, dans lequel viennent se décharger de nouvelles eaux ; là, ils se resserrent au point qu'il est presque impossible de reconnaître les sinuosités de leur cours au milieu des forêts de cyprès, inondées à une hauteur de vingt-cinq pieds. Le feuillage de ces arbres immenses s'étend et se referme comme une voûte au-dessus de vos têtes. De leurs branches gigantesques pendent de longs festons de mousse, dont les extrémités s'accumulent à la surface de l'eau et obstruent le passage. Jamais la clarté du jour ne pénètre au sein de ces ténèbres éternelles : l'air y est pesant, et la nature elle-même semble oppressée. Les oiseaux n'y font point entendre leur chant joyeux; mais en revanche, les rugissements des alligators, les clameurs des grenouilles monstres, et, après le coucher du soleil, les cris sinistres des grands hiboux du Mississipi jettent l'effroi dans l'âme du voyageur, qui peut se croire transporté sur les sombres eaux du Styx ou de l'Achéron.

Après une navigation d'environ vingt-quatre heures, le voyageur sort enfin de ce labyrinthe, et le jour sourit encore une fois sur lui. Le plus riche panorama se déroule alors à ses yeux enchantés. Il se trouve dans un lac magnifique, de plusieurs milles de circuit, bordé tout autour de ces mêmes cyprès géants, aux troncs revêtus de la mousse des siècles, et qu'on pourrait, au premier abord, prendre pour un vaste assemblage de sombres dômes. De chaque côté du lac, des millions de nelumbos, entremêlés de tulipes aux vives couleurs, élèvent fièrement au-dessus de l'eau leurs feuilles coniques, roulées en forme d'urnes ; d'innombrables oiseaux aquatiques, au brillant plumage, voltigent en se jouant au-dessus de ce tapis de verdure et de fleurs. Au centre seulement, étincelle une nappe d'eau pure et transparente comme du cristal. On quitte à regret ce beau lac pour se perdre de nouveau dans un réseau de rivières et de bayous, d'où l'on passe dans l'Atchafalaya, autre débouché naturel du Mississipi débordé, puis dans le Teche, qui conduit enfin aux Attakapas. La côte, qui ne présente guère, à partir du golfe du Mexique, que des prairies marécageuses, prend plus de consistance à mesure qu'on avance vers le nord; et c'est à ce pays, arrosé par le Teche, le Vermillon et une foule d'autres rivières et de lacs, qu'on a donné le nom de paradis de la Louisiane.

A droite serpente, à travers des vallées et des prairies sans fin, le Teche, semblable à un long ruban gris de fer; dans la plaine, ombragée par des bouquets de chênes verts, de papayers et de magnolias, paissent et bondissent en liberté des milliers de bêtes à cornes et de chevaux à demi sauvages; çà et là on aperçoit des habitations à moitié cachées dans des forêts d'arbres à fruits tropicaux, d'orangers, de figuiers, de citronniers, et quelques figures noires, errant nonchalamment au milieu de ce tableau. Il semble que la nature entière y respire un parfum voluptueux et enivrant: c'est vraiment un élysée terrestre.

En décrivant ces lieux enchanteurs, je me reporte par l'imagination à l'époque où, pour la première fois, je parcourus ces riantes vallées. Nous étions sous la conduite du vieux Martin, rude mais honnête Acadien, qui nous avait, quatre jours auparavant, tirés de notre situation périlleuse dans le *bayou* Placquemine, et pris à bord de son bateau. A la plupart des plantations devant lesquelles nous passions, on venait nous complimenter et nous inviter à nous arrêter. Mais Martin, qui connaissait parfaitement le pays et ses habitants, nous donna à cet égard d'excellents conseils, et nous eûmes, grâce à lui, le bonheur d'échapper à des piéges dans lesquels notre inexpérience nous aurait nécessairement fait tomber. C'était vraiment une étrange race que les créoles de cette époque. Leurs habitations étaient dépourvues de toutes les commodités de la vie. Des troupeaux de vaches et de veaux erraient dans leurs prairies; mais on ne trouvait chez eux ni une goutte de lait ni une once de beurre, parce que le soin d'une vache laitière eût donné trop de peine. Ils avaient des esclaves par douzaines; mais ils les employaient à éventer leur maîtresse et à écarter d'elle les moustiques, à porter son ridicule ou son éventail, à la rouler dans une chaise longue d'un bout à l'autre du portique, à jouer avec des enfants gâtés; après quoi ils les faisaient fouetter, en guise de passe-temps. Insensibilité aux souffrances des hommes et des animaux en général, vanité ridicule, envie de tout ce qui était au-dessus d'eux, indifférence complète à toute espèce de civilisation intellectuelle : c'étaient là quelques-uns des traits caractéristiques des créoles d'alors. Je parle toujours de la masse, car on rencontre partout d'honorables exceptions. Mais, sur un millier de familles créoles, nous n'en trouvâmes pas vingt qui sussent lire. Ils étaient de cent ans en arrière de nos paysans français, et pourtant, à les entendre, il n'en était pas un dont les ancêtres n'eussent possédé des châteaux en France, figuré à la cour, comme Jacques Pajol, et vécu dans l'intimité de Louis XIV.

Cette condition particulière des créoles offre une sorte de phénomène social, qu'il est cependant facile d'expliquer. Nous autres, Européens, à l'exception peut-être des Anglais, nous avons été élevés par des gouvernements qui considèrent, plus ou moins, comme leur propriété la société politique à la tête de laquelle ils sont placés, et qui la traitent comme telle, c'est-à-dire qui la façonnent et la modèlent selon leurs vues présentes ou futures : l'homme, à leurs yeux, n'est pas un être absolu, un tout indépendant, mais seulement une partie d'une grande machine, partie destinée à se mouvoir dans un cercle qui lui est tracé. Il résulte de ce système d'éducation, que le Français ou l'Allemand qui met le pied dans ce pays, est, ainsi que je vous le disais, complétement désorienté, étourdi, aveuglé; et cela doit arriver, non pas seulement à des individus isolés, mais à des colonies entières, qui essayent instinctivement de transplanter les principes sociaux de la vieille Europe dans un monde comme celui-ci, où chaque homme, accoutumé dès l'enfance à se gouverner lui-même, à se considérer comme parfaitement indépendant, jouit, dans l'exercice de ses facultés, d'une entière liberté d'action. Ces colonies, isolées en présence de mœurs qu'elles ne comprennent point, dégénèrent, s'affaiblissent de plus en plus, et finissent par être absorbées. Oui, cette différence matérielle entre l'éducation européenne et l'éducation américaine explique comment les Anglais ont pu, il y a soixante-dix ans, enlever aux Français, nombreux et aguerris, leurs vastes possessions d'Amérique; elle explique comment les successeurs de ces Anglais, les Américains du nord, sont parvenus à nous faire renoncer peu à peu à nos mœurs, à nos habitudes, à nos idées même, pour prendre les leurs, si bien qu'avant peu d'années il ne restera plus ici de vestiges de notre nationalité.

Martin nous avait indiqué une habitation du voisinage, qui était à louer, et où nous pouvions nous installer, au moins provisoirement : le marché fut bientôt conclu, et nous entrâmes tout de suite en possession. L'habitation en question était à un demi-mille du lac de Chitimachas, et à dix milles environ de la paroisse des Attakapas proprement dite. On y avait construit une maison en bois, comme sont ordinairement celles des planteurs, avec un large toit formant saillie : le rez-de-chaussée, entouré d'une sorte de portique, se composait de deux grandes pièces. A quelque distance de là était un autre bâtiment, où nos domestiques pouvaient se loger, et plus loin encore trois huttes pour nos vaches et nos quatre nègres. Tout cela était ombragé par plusieurs groupes de beaux catalpas. Une vingtaine d'acres étaient ensemencés en blé, que nous dûmes partager avec le propriétaire; le reste était à l'état de forêt vierge. Au moment d'entrer dans cette modeste demeure, nous éprouvâmes un mélange de sensations que ceux-là seuls peuvent comprendre qui, après avoir été élevés comme nous au sein du luxe, puis ballottés pendant dix ans dans les orages des guerres civiles, trouvent enfin un asile où ils peuvent dormir en paix. Nous nous arrêtâmes quelques instants sur le seuil, nous regardant en silence; puis tout à coup, cédant à notre émotion, nous nous jetâmes dans les bras les uns des autres, en versant des larmes d'attendrissement.

Cependant Baptiste s'occupait déjà de notre repas. Ce bon serviteur avait songé à tout, jusqu'à ces petits accessoires qui ne paraissent nulle part plus nécessaires que dans ce pays, où l'on trouve en si grande abondance tout ce qui peut suffire aux besoins ordinaires de la vie. Nous nous régalâmes de pain tendre de froment, luxe très-rare à cette époque, même chez les riches planteurs, et de quelques outardes tuées par Martin. Il fallut, il est vrai, nous contenter de café au lait en place de bordeaux, et substituer au champagne le punch à l'ananas; mais cette soirée n'en fut pas moins une des plus agréables que nous eussions jamais passées. A minuit, nous quittâmes la table pour aller nous jeter sur nos lits, qu'on avait eu la précaution d'entourer de moustiquaires. Le lendemain matin commença notre vie de planteurs.

Nous fîmes à peu près comme nous avions vu faire aux autres. Nous nous levions à cinq heures du matin pour aller travailler, soit aux champs, soit dans le jardin, puis nous prenions une tasse de café, et, après une autre heure d'exercice, nous déjeunions. Nous allions ensuite faire un tour du côté du lac, dans lequel se jette un petit bayou, et là nous tirions quelques pièces de gibier pour notre dîner et notre souper; le gibier, et surtout les oiseaux aquatiques, sont si nombreux dans ces parages, qu'il suffit d'aller à quelques pas de sa maison pour se procurer en peu de temps des provisions pour toute la semaine. Pendant la grande chaleur du jour, nous nous retirions dans le corridor de notre habitation, où nous passions le temps à lire, à écrire, à faire de la musique; Lassalle et moi nous jouions du violon, et Hauteroche nous accompagnait sur sa flûte. L'heure du dîner nous trouvait généralement en bon appétit. L'après-midi, nous faisions quelques parties de billard, car nous avions, dès notre arrivée, fait monter une table tout exprès. Quelquefois nous avions de la compagnie, mais c'était rare : notre plantation était trop isolée ; il fallait une heure de cheval pour gagner l'habitation la plus voisine.

Nous passâmes ainsi la première quinzaine d'une manière très-supportable : la suivante le fut un peu moins. Il nous fallut renoncer à beaucoup de petites jouissances, devenues pour nous des nécessités ; une foule de besoins contractés au milieu d'une société oisive et raffinée, devinrent impossibles à satisfaire, et nous ressentîmes vivement ces privations. Il n'y avait dans toute la paroisse que deux marchands, dont le plus proche demeurait à six milles de nous, et leur fonds de magasin se composait exclusivement de tabac en poudre et à fumer, de chapeaux de paille, de poudre de chasse, de couteaux, fourchettes et couvertures. Quelques bouteilles de madère, que nous avions apportées avec nous, avaient été prudemment mises en réserve pour les accidents imprévus.

Notre vie de planteurs commençait donc sous d'assez tristes auspices. Nous essayâmes de nous étourdir sur ces désappointements en rêvant à un avenir plus heureux ; à la réalité, nous opposions l'espérance. Le riche sol des Attakapas fournissait tout en abondance et presque sans travail ; il ne tenait qu'à nous de nous y créer une existence heureuse ; mais des années pouvaient s'écouler avant qu'il nous fût donné de réaliser cette existence, et tout semblait indiquer que notre patience serait rudement éprouvée. Les obstacles que nous avions à surmonter pour fonder notre établissement devenaient de jour en jour plus apparents; notre concession même présentait des difficultés d'une nature particulière. Les titres faisaient mention de quatre mille arpents à l'ouest du Chitimachas, entre le Teche et le Vermillon, mais sans autre indication de limites. Des réserves en notre faveur avaient été faites à l'époque de la cession de la Louisiane au gouvernement espagnol; mais, au mépris de ces réserves, il avait été fait subséquemment d'autres concessions, sur lesquelles il s'agissait maintenant de reprendre ces quatre mille arpents : c'était une source de contestations et de procès sans fin. La première chose à faire était de lever un plan général du territoire et de se procurer des renseignements précis sur les droits et les prétentions de tous les habitants du canton; mais, par suite d'une mésintelligence qui existait alors entre la majorité des créoles d'une part, et l'autorité administrative de l'autre, personne ne se souciait de nous venir en aide, et nous nous trouvions ainsi abandonnés à nous-mêmes.

Nous cherchâmes d'abord à pousser une reconnaissance dans la direction du Vermillon; mais cette première tentative ne fut pas heureuse. L'Européen, dont les yeux sont habitués à des vallées, à des prairies, à des forêts d'une étendue plus ou moins restreinte, ne saurait se faire une idée des sensations du nouvel arrivant qui se trouve pour la première fois en présence de ces forêts et de ces plaines sans fin ; il éprouve, surtout s'il est seul ou en compagnie peu nombreuse, une sorte de vertige, une sensation semblable à celle de l'homme qui lutte contre les vagues de l'océan. Cependant, tant que nous n'eûmes que les prairies à traverser, nous nous tirâmes assez bien d'affaire, quoique nous enfonçassions quelquefois jusqu'à mi-corps dans le sol humide et marécageux ; mais quand nous arrivâmes aux terribles forêts de cyprès, peuplées de milliers d'alligators, de tortues, de hérons et de hiboux, où l'on ne trouve que de loin en loin, pour poser le pied, un tronc d'arbre à moitié pourri, et où un faux pas peut vous précipiter dans une vase noirâtre d'une vingtaine de pieds d'épaisseur, nous commençâmes à perdre courage. Nous essayâmes de nous frayer un passage dans une autre direction, à travers les bois de chênes verts ; mais là, des épines d'une longueur et d'une force prodigieuses eurent mis en moins d'une heure tous nos vêtements en lambeaux. Nous donnâmes à tous les diables le pays et notre concession, et regagnâmes notre habitation de fort mauvaise humeur.

II.

LA PLANTATION.

1. La recherche de la terre promise. — Mme Allain.

Quelques jours après cette expédition infructueuse, nous entreprîmes, Lassalle et moi, une grande reconnaissance du côté des monts Opelousas, et, comme cette partie du pays nous était complétement inconnue, nous emmenâmes avec nous le jeune Martin, petit-fils du vieil Acadien[1] du même nom, sous la conduite duquel nous avions fait notre entrée dans les Attakapas.

L'air était lourd : c'était une de ces chaudes après-midi de septembre qui, dans nos contrées, mûrissent la fièvre jaune. Nos parasols sur la tête, nos chevaux protégés contre les moustiques par des filets et des branchages, nous nous dirigeâmes d'abord à travers un grand bois de magnolias. Au bout d'une demi-heure, nous avions devant nous la *prairie*, qui s'étendait, comme l'immense océan,

---

1. L'Acadie ou Nouvelle-Écosse, est une presqu'île de la Nouvelle-Bretagne, dans l'océan Atlantique.

à perte de vue. A l'horizon lointain s'amoncelaient de sombres nuages, dont les contours, frangés d'or, se découpaient sur le ciel bleu ; les chênes verts qui formaient la lisière de la forêt faisaient entendre de sourds gémissements, précurseurs de l'orage.

Après avoir chevauché pendant huit à dix milles au milieu des herbages de la savane, nous débouchâmes enfin sur un terrain accidenté, parsemé de groupes et de massifs d'arbres éclairés par le soleil couchant, et dont la disposition naturelle donnait au paysage un aspect singulièrement pittoresque ; au pied de petites collines verdoyantes serpentaient, comme autant de filets d'argent, des ruisseaux bordés de palétuviers.

Il était six heures : il y en avait plus de trois que nous étions à cheval. Les symptômes de l'orage devenaient de plus en plus menaçants. Nous cherchâmes de tous côtés si nous ne découvririons pas quelque habitation ; mais, aussi loin que la vue pouvait s'étendre, on ne voyait que des collines, des bois et de l'eau. Tout à coup Lassalle pousse un cri de joie, en m'indiquant un léger nuage bleuâtre qui se jouait autour de la cime des arbres : c'était de la fumée ; mais on n'apercevait pas de maison. Seulement, de ce même côté de la forêt, s'échappait un ruisseau, dont les bords étaient garnis de mangliers, entremêlés plus loin de saules pleureurs et de magnolias. Nous résolûmes, à tout hasard, de nous diriger vers ce frais ombrage. Le soleil venait de se cacher derrière les nuages, et les roulements lointains du tonnerre ne laissaient plus de doute sur l'approche de l'ouragan.

Nous étions encore à quelque distance de l'endroit où nous supposions devoir être l'habitation que la fumée nous avait révélée, lorsque Lassalle me demanda si je n'entendais rien. Je prêtai l'oreille, et je saisis en effet des sons confus : bientôt nous pûmes reconnaître des chants, mais des chants étranges, qui nous arrivaient par intervalles, comme des voix d'esprits aériens, portées sur l'aile de la brise.

Nous continuâmes d'avancer, et nous ne tardâmes pas à distinguer des éclats de rire, puis des voix de femmes, et de temps à autre des sons métalliques semblables à ceux que produiraient des vases d'airain frappés avec force. Nous entrâmes sous une voûte épaisse formée par le feuillage des chênes verts et des magnolias. Au bout d'une centaine de pas, nous nous trouvions à l'autre extrémité de cette voûte, en présence d'une magnifique pelouse de gazon, qui descendait jusqu'au bayou, au delà duquel s'élevait, sur la pente opposée, une ravissante habitation. Elle n'avait, comme toutes les maisons des Attakapas, qu'un étage, surmonté d'un toit en terrasse, et elle était entourée d'une galerie soutenue par de blanches colonnettes, qui ressemblaient à du marbre; les persiennes, peintes en vert, étaient fermées, et une jolie grille en fer régnait tout autour : le jardin s'étendait par derrière. Tout respirait le bon goût et annonçait l'aisance du propriétaire.

Ce spectacle, tout à fait inattendu, nous causa une vive surprise. Nous nous demandâmes où nous étions, et nous fûmes un moment incertains de savoir si nous avancerions ou non : le jeune Martin ne put nous dire autre chose, sinon que ce devait être *la Chartreuse;* mais il était lui-même égaré. Enfin nous mîmes pied à terre, et, prenant nos chevaux par la bride, nous nous disposâmes à traverser le bayou sur un pont formé de troncs de cyprès, et rendu praticable pour les voitures, au moyen d'autres pièces de bois posées transversalement.

Nous n'étions pas encore au milieu de ce pont, que nous entendons de nouveaux éclats de rire, cette fois très-rapprochés de nous, et au même instant deux gerbes d'eau, parties de droite et de gauche, se croisent sur nos têtes. Nous regardons, étonnés; bientôt, du sein de l'onde, nous voyons sortir plusieurs bras d'une blancheur de neige, et nous sommes encore une fois arrosés. Une tête de naïade apparaît hors de l'eau, puis un cou d'albâtre, un buste de marbre de Paros. Une seconde tête se montre, puis une troisième; trois formes de sirènes surgissent de l'humide élément; elles appellent une de leurs compagnes, c'est une négresse. On entend le cliquetis des castagnettes, et les quatre jeunes filles, se prenant par la main, exécutent, en se jouant dans l'eau, plusieurs figures de danse. « Miséricorde! répéta Lassalle, où sommes-nous tombés? »

Un violent coup de tonnerre interrompt ce divertissement aquatique. Une des persiennes de la galerie s'ouvre, et une femme se présente : « Aspi! Léontine! Zoé! c'est assez comme cela. Il faut rentrer : voilà l'orage! — Bien, maman! » répondent les trois jeunes nymphes en riant, et laissant voir les plus belles dents du monde. Les palétuviers qui garnissaient, en guise de garde-fous, les deux côtés du pont, nous avaient jusqu'alors dérobés à leur vue; mais la mère nous avait aperçus. Elle se hâta de quitter la fenêtre, et parut bientôt sous le porche de la maison, dont elle descendit les degrés aussi vite que le permettait son embonpoint. C'était une brune de trente et quelques années, aux yeux noirs et aux lèvres un peu fortes : ses traits n'avaient pas la finesse qui distingue, en général, ceux des créoles; mais ses dents, ses épaules et son buste étaient irréprochables.

Nous n'étions plus qu'à quelques pas de la grille. La dame vint à notre rencontre, et nous examina d'un air méfiant. « Que voulez-vous, messieurs? » demanda-t-elle enfin.

Nous entendions rire et chuchoter derrière nous, et en tournant la tête, nous entrevîmes des vêtements blancs qui fuyaient à travers les mangliers.

« Eh bien! messieurs, reprit, d'un ton plus aigre, la maîtresse du logis, que voulez-vous? Nous ne recevons pas ici d'étrangers, de gens que nous ne connaissons pas. Nous ne recevons que les personnes qui nous ont été présentées.

— Voilà, me dit tout bas Lassalle, un exorde qui n'est pas du meilleur goût.

— Allez, messieurs! poursuivit la dame d'un air méprisant. Nous n'avons pas besoin de votre société. Voilà votre chemin.

— Pardon, madame! dis-je enfin, car il s'agissait avant tout de trouver un abri contre l'orage qui allait éclater, nous serions désolés de vous incommoder, et nous n'avons nullement l'intention de nous imposer à votre hospitalité. Nous sommes égarés. Tout ce que nous demandons, c'est un peu de fourrage pour nos chevaux, et un guide qui puisse nous indiquer le chemin de la plantation Berthaud. Nous nous remettrons en route aussitôt que l'orage sera passé, et nous payerons volontiers le service que nous réclamons.

— La plantation Berthaud! répéta la dame en nous regardant avec plus d'attention. Cette plantation a été louée tout récemment, m'a-t-on dit, par un comte français et deux de ses amis. » Elle s'arrêta. « Vous demeurez dans les Attakapas?

— Pour vous servir, madame.

— Et dans quelle partie des Attakapas?

— Provisoirement sur la plantation que j'ai eu l'honneur de vous nommer.

— Vous demeurez sur la plantation Berthaud? C'est donc vous qui êtes le comte français? » Et ses traits prirent tout à coup une expression bienveillante. « Aspi! Léontine! Zoé! vite! Ah! monsieur le comte, vous n'avez pas besoin d'être présenté; vous êtes le bienvenu partout. Excusez-moi, mais il arrive ici beaucoup de messieurs avec lesquels nous nous soucions peu de faire connaissance : nous vivons très-retirées. »

Elle étendit son bras potelé par-dessus la grille, pour nous donner une poignée de main, et voyant que nous tenions toujours nos chevaux par la bride : « Allons! s'écria-t-elle, Sippi! Midi! Josi! n'entendez-vous pas? Prenez les chevaux de ces messieurs. » Et ouvrant la grille, elle s'empara sans façon de mon bras, tandis que deux nègres déguenillés prenaient possession de nos chevaux.

« Oserai-je vous prier, madame, d'ordonner qu'on jette une poignée de foin à ces animaux avant de les faire boire, et ensuite quelques épis de blé.... »

Elle m'interrompit d'un air d'impatience, en m'entrainant vers la maison : « Fi donc, monsieur le comte! vous occuper de vos chevaux! On voit bien que vous n'êtes pas créole. » Et comme nous arrivions au perron, elle s'arrêta pour me demander le nom de mon ami, que j'eus l'honneur de lui présenter.

Lorsque nous fûmes entrés : « Monsieur le comte, dit-elle après avoir quitté mon bras, veuillez vous asseoir et excuser Mme Allain; elle sera de retour dans un instant. » Et à ces mots elle sortit.

La pièce où nous avions été introduits était ornée avec goût, et même avec luxe. Les meubles étaient en palissandre et en acajou, le plancher était recouvert de nattes, les murs revêtus d'un papier élégant. La seule chose qui indiquât que nous étions encore dans les Attakapas était un certain désordre : des vêtements de femmes et d'autres objets épars sur les chaises, sur les tables, sur le plancher; une forte odeur de musc régnait aussi dans cette pièce. Nous n'étions pas chez des créoles, c'était évident. Il y avait dans les manières de cette Mme Allain quelque chose de brusque, de hardi, qui contrastait avec la réserve, le calme, l'indolence même des femmes créoles : elle ressemblait beaucoup plus à une modiste parisienne qu'à toute autre chose.

Nous nous perdions en conjectures, lorsque nous

fûmes interrompus par l'arrivée de deux négresses, dont les rares vêtements étaient retenus par des rubans roses passés sur leurs épaules; elles entrèrent en folâtrant, nous regardèrent en riant, et sortirent après avoir ramassé les hardes éparses par terre. Deux autres leur succédèrent, portant sur des plateaux des flacons de vin et des assiettes; et une troisième, puis une autre encore, avec des gâteaux et des fruits dans des corbeilles. Elles placèrent ces rafraîchissements sur une table adossée à l'un des sofas.

Pendant ces préparatifs, nous nous étions levés et nous étions approchés de la fenêtre, sous laquelle le jardin étalait ses massifs de fleurs et ses plates-bandes embaumées : plus loin s'étendait un petit parc, disposé avec beaucoup d'art. Mme Albain, qui venait de faire une toilette rapide, rentra; elle était tout sourires et toute familiarité. « Et comment trouvez-vous les Attakapas? me demanda-t-elle.

— Les Attakapas seraient un vrai paradis, répondis-je, si toutes les habitations ressemblaient à celle-ci.

— Ah! mon Dieu! reprit-elle sans faire attention à ma réponse, comme ces petites folles vous ont jeté de l'eau! Aspi, Léontine, Zoé! enfants terribles! qu'avez-vous fait? Les petites folles! Cela ne connaît que le bain et la danse!

— Et ces danses, répliquai-je galamment, feraient honneur à des naïades.

— Des naïades! je ne connais pas ces dames-là. Sont-ce des personnes comme il faut? Mes filles sont des demoiselles comme il faut, monsieur le comte. »

Lassalle fit une prodigieuse grimace, et je me hâtai de faire diversion. « Mais, repris-je, n'y a-t-il pas de danger à se baigner? Ces rivières et ces bayous ne sont-ils pas infestés d'alligators?

— Oh! elles chantent, elles crient, elles frappent sur des bassins de cuivre, et c'est comme cela qu'elles effrayent les alligators. »

Ainsi se trouvaient expliqués les bruits que nous avions entendus.

« Aspi, dit Mme Allain à une jeune fille qui parut à la porte du salon, voici M. le comte de *Pimperolles* et M. le baron de Lassalle. Messieurs, je vous présente ma fille Aspi. »

Nous saluâmes la jeune personne, et, en l'examinant, une idée me vint tout à coup. Ce devait être une *quarteronne*. Je n'en avais pas encore vu, mais j'en avais beaucoup entendu parler, et j'avais sous les yeux la confirmation de ce qu'on m'en avait dit. Les traits de la mère et de la fille dénotaient une origine africaine; il n'y avait pas à s'y méprendre. Je fus frappé de la figure de la jeune Aspi : ses traits n'étaient ni beaux ni même réguliers; mais il y avait dans l'ensemble de sa physionomie, et surtout dans l'expression de ses grands yeux, quelque chose qui vous allait au cœur. Un sourire de triomphe éclaira la figure de la mère, lorsque sa fille, rejetant fièrement la tête en arrière, s'avança vers la table sur laquelle étaient placés les rafraîchissements.

Mme Allain pousse une exclamation, et deux nouvelles figures se montrant à la porte du salon, s'arrêtent pour nous regarder. Charmante apparition! Celles-ci ne pouvaient être des *quarteronnes*, c'était impossible. Leur fraîcheur virginale, leur air d'innocence, leur sérénité enfantine, nous enchantèrent tout d'abord.

« Léontine, Zoé, chers enfants! Monsieur le comte de *Pimperolles*, permettez-moi de vous présenter mes deux filles, Léontine et Zoé. » Et elles s'approchèrent. Je n'avais de ma vie rien vu d'aussi gracieux, d'aussi séduisant que ces deux jeunes filles. Vêtues de peignoirs blancs, elles s'avancèrent modestement, et nous firent la révérence en rougissant.

La mère suivait des yeux, avec une satisfaction marquée, chaque mouvement de ses filles.

« Enfants, dit-elle, voyez ce que vous avez fait: M. le comte est tout mouillé. »

Les deux jeunes filles jetèrent sur nous un regard timide.

« Pour vous punir, vous allez servir ces messieurs. »

Elles parurent consulter des yeux leur mère, puis elles se dirigèrent vers la table, où se trouvait encore la fille aînée, et prirent en hésitant les flacons de cristal.

« Eh bien! Léontine, reprit Mme Allain, est-ce que vous serez toujours honteuse? et vous aussi, Zoé? »

Léontine versa le vin d'une main tremblante. La mère remplit elle-même quatre autres verres plus petits, et les jeunes filles nous présentèrent ceux qui nous étaient destinés. C'était d'excellent bordeaux.

« Monsieur le comte, dit Mme Allain, vous ne partirez pas avant que l'orage soit passé.

— Croyez-vous donc décidément que nous aurons un orage?

— S'il pleut, non; mais s'il ne pleut pas, nous aurons bien certainement un orage affreux. Nous tâcherons de faire en sorte que vous ne trouviez pas le temps trop long. » Et m'attirant par le bras, elle me conduisit vers le sofa, disant à Léontine de prendre place à mes côtés; puis elle fit asseoir Lassalle sur une ottomane, avec Zoé pour compagne, et sortit, emmenant sa fille aînée.

J'échangeai avec mon ami un regard qui voulait dire : Il y a quelque chose ici qui n'est pas clair;

mais la mère rentra seule, comme pour nous faire honte de notre mauvaise pensée.

Léontine pouvait avoir quinze ans ; tendre fleur qui commençait à s'épanouir, rien en elle n'annonçait un sang croisé. Avec sa tête ovale, son nez romain, ses yeux noirs couronnés de sourcils bien arqués, ses dents fines et transparentes comme des perles, sa carnation de lis et de roses, elle eût pu servir de modèle à un peintre. Sa longue chevelure soyeuse et encore humide retombait en nattes sur ses épaules, et tout son corps charmant frémissait comme si du vif-argent liquide eût coulé, au lieu de sang, dans ses veines.

Deux négresses de quinze à seize ans entrèrent ; elles étaient de la race madécasse, et n'avaient pour tout vêtement qu'une jupe qui leur descendait jusqu'aux genoux. Elles nous jetèrent un regard expressif, puis elles s'assirent devant leurs maîtresses. Mira, celle qui était accroupie aux pieds de Léontine, commença aussitôt à folâtrer avec elle. Elles se mirent à courir l'une après l'autre comme deux gazelles, avec une agilité pleine de grâce, en poussant des rires joyeux. La négresse attrapa le pied de Léontine et le chatouilla ; celle-ci s'élança vivement contre moi, puis bondit en arrière comme eût fait une balle élastique, mais en faisant une mine si friponne, que je ne pus m'empêcher de joindre mes rires aux leurs.

« Oh ! qu'avez-vous donc là », s'écria-t-elle dans son charmant patois créole ; et déjà son joli bras était passé autour de mon cou, et ses doigts tenaient la croix de Saint-Louis suspendue à un ruban attaché sous ma veste.

« Qu'est-ce que cela ?

— C'est l'ordre de Saint-Louis, aimable Léontine, » répondis-je en m'emparant de son bras ; mais elle glissa entre mes mains comme un rayon de lumière, et courut s'asseoir à l'autre bout du sofa.

« Fi ! monsieur le comte, dit-elle avec une petite moue ; c'est bien mal ce que vous faites-là ! Si vous recommencez, Léontine s'en ira tout de suite. »

Et une larme roula dans ses yeux.... Mais ce nuage passager se dissipa bientôt ; au bout de quelques instants, elle redevint rieuse et folâtre, et renouvela ses agaceries.

Je n'y comprenais plus rien. Je n'avais vu d'abord en elle qu'une enfant enjouée ; était-ce déjà une femme dangereuse ? Nous n'étions pas encore faits à la liberté des mœurs créoles, à cet abandon naïf d'une fille du ciel américain, accoutumée à obéir à l'impulsion de la nature, sans se douter des convenances sociales ni des distinctions établies par nos moralistes.

Que vous dirai-je enfin ? une heure entière s'était écoulée comme une seconde ; j'eus besoin d'un sublime effort pour résister à mon enivrement, ou plutôt je me défiais trop de la mère pour m'abandonner en aveugle aux séductions peut-être innocentes de la fille.

Un effroyable coup de tonnerre retentit sur nos têtes et ébranla toute la maison. J'en fus épouvanté : c'était comme un avis du ciel.

« Lassalle ! m'écriai-je, il faut partir.

— Il faut rester, messieurs, il faut rester avec nous, dit Mme Allain.

— C'est impossible, madame, nous ne nous appartenons plus, répondis-je sachant à peine ce que je disais.

— Oh ! c'est différent, répliqua la mère avec un air à la fois dédaigneux et piqué.

— Excusez-moi, Léontine, dis-je ; nous sommes obligés de partir.

— Mais vous reviendrez, n'est-ce pas ? demanda-t-elle.

— Certainement, certainement. »

Le tonnerre grondait encore, quoique déjà plus éloigné. Une grosse averse avait rafraîchi l'air ; mais, de tout cet orage, nous n'avions entendu que les deux derniers coups. Comme nous prenions nos chapeaux, les sons d'un piano se firent entendre dans la pièce voisine. « Comment, dis-je, vous avez un piano ? » C'était le premier que nous eussions rencontré dans les Attakapas.

« Allons ! un quadrille avant de partir, demandèrent les deux jeunes filles.

— Non, pas à présent, chère Léontine; à la prochaine fois.

— Comment! un Français, un comte, qui refuse à une dame de danser un quadrille! Fi donc! Mira! Mira! »

Les deux négresses bondirent sur leurs pieds; l'orchestre, après quelques préludes, fit entendre un air de danse, dont les quatre jeunes filles exécutèrent les figures. Les grâces elles-mêmes n'auraient pu s'en acquitter avec plus de charme et de décence.

Nous ne pouvions détacher nos yeux de ces ravissantes créatures. Au quadrille allait succéder sans doute le menuet : mais, sur un geste de Mme Allain, la seconde révérence se changea en salut d'adieu; et elles disparurent en nous disant : « Au revoir ! »

Mme Allain prit un air plus digne, et ne nous retint plus. Nous partîmes, croyant échapper aux piéges les plus redoutables des jardins d'Armide.

Plus tard, le mystère de la Chartreuse s'éclaircit. J'appris que Mme Allain, en effet, n'était pas femme à être très-scrupuleuse sur la nature du lien qui la débarrasserait de ses filles. Ancienne maîtresse d'un riche Espagnol, qui lui avait laissé cette plantation au détriment de sa propre famille, elle en avait eu sa fille aînée ; les deux autres passaient pour les enfants d'un négociant de Nantes, ruiné subséquemment par cette même dame Allain. Aspi (l'aînée) vivait en ce moment dans l'espoir d'un mariage légitime, sous la protection d'un planteur de Pointe-Coupée, qui avait rebâti la Chartreuse et en avait fait la plus jolie habitation des Attakapas. Évidemment Mme Allain avait cru que la providence des mères qui ont des filles à marier m'avait envoyé dans son voisinage pour faire de sa fille Léontine une comtesse de Vignerolles.

II. La prairie.

Nous passâmes cette nuit dans la hutte d'un paysan acadien. Les deux suivantes, nous bivouaquâmes à la belle étoile. Un quartier de daim, rôti sur une broche en bois, faisait les frais de notre dîner et de notre souper : l'appétit suppléait au reste.

Il y avait déjà quatre jours et trois nuits que nous battions les bois et que nous arpentions les vastes savanes de la Louisiane. Nous étions, comme je vous l'ai dit, au mois de septembre. La chaleur était étouffante ; le quatrième jour, surtout, le soleil n'avait cessé depuis le matin, de darder sur nous des rayons dont l'ardeur ne peut être bien appréciée que de ceux qui ont parcouru ces mêmes prairies. Notre petite provision de vin était depuis longtemps épuisée ; deux flacons que nous avions, à notre départ, emplis de tafia, étaient à sec, et l'eau que nous rencontrions de loin en loin, chargée de matières végétales et animales, n'était pas potable.

Nous fîmes halte sous un bouquet d'arbres, et nous envoyâmes Martin à la découverte. Nous ne pouvions manquer, suivant lui, de rencontrer quelque parti d'Américains, dont le nombre allait croissant de jour en jour dans ces parages, malgré les défenses du gouvernement espagnol, la jalousie des Acadiens, et la haine que leur portaient les créoles. « Ces gars-là, répétait-il sans cesse, on dirait qu'ils veulent avaler la Louisiane et le Mexique ; et ils sont insolents comme si le pays leur appartenait déjà. »

Après l'avoir attendu une heure entière, pendant laquelle l'air nous parut devenir de plus en plus lourd, mon compagnon commença à perdre patience. « A quoi donc le drôle songe-t-il ? » s'écria-t-il enfin ; puis, me présentant la trompe qu'il portait en sautoir, il ajouta : « Rappelle-le ; quant à moi, cela me serait impossible ; la chaleur m'a desséché la gorge, et ma langue est collée à mon palais. »

Je portai la trompe à mes lèvres, et soufflai de

toute la force de mes poumons. Mais le son que j'en tirai n'était pas une de ces notes claires et vibrantes qui réjouissent le chasseur et lui font oublier ses fatigues; c'était un son lourd et bref, comme si l'air eût perdu toute son élasticité. On eût dit le signal de quelque danger inconnu.

Nous nous trouvions alors sur la lisière d'une de ces grandes forêts de pins qui s'étendent, presque sans interruption, des hauteurs de la Côte-Gelée jusqu'aux monts Opelousas. Devant nous se déroulait une immense prairie, entrecoupée de bayous et parsemée çà et là de champs de palmiers nains, de massifs d'arbres et de larges touffes de broussailles, qui apparaissaient comme des taches noires sur cet océan de verdure, formé de hauts herbages dans lesquels nos chevaux enfonçaient jusqu'au poitrail. A notre droite, un plant de palmiers nains se prolongeait jusqu'à un ruisseau, dont les bords étaient ombragés par de sombres et gigantesques cyprès. Au delà de ce ruisseau, encore la prairie, puis un bois de chênes verts. A l'est, un impénétrable fourré de magnolias, de papeyers et de lianes.

En jetant les yeux autour de nous, il nous sembla que ce riche paysage changeait d'aspect. Des nuages, ou plutôt des vapeurs d'un gris bleuâtre, poussées par le vent, rétrécirent tout à coup notre horizon. Cette espèce de brouillard s'épaississait de moment en moment; le disque du soleil, naguère si brillant, s'était couvert d'un voile pâle et rougeâtre; des masses de vapeurs envahirent la lisière de la forêt; l'air devint de plus en plus lourd et notre respiration de plus en plus pénible. La portion de la prairie qui restait visible ressemblait à une vallée brumeuse, resserrée entre deux montagnes qui se rapprochaient incessamment. A la vue de ces étranges phénomènes, nos yeux se rencontrèrent, et nous pûmes lire mutuellement sur nos visages cette espèce d'embarras que les hommes, les plus braves comme les plus frivoles, éprouvent en présence d'un péril dont la cause et la nature leur sont également inconnues.

« Tire un coup de fusil, » dis-je à Lassalle; et je ne pus me défendre d'un mouvement de surprise, en remarquant l'altération soudaine de ma voix. Le coup partit; mais la détonation fut en quelque sorte étouffée par la compression de l'atmosphère; elle n'effraya pas même quelques oiseaux aquatiques qui s'ébattaient dans le ruisseau, à une centaine de pas de nous.

« Vois donc nos chevaux, dit mon ami; à coup sûr ils vont prendre le mors aux dents. » Ces animaux, en effet, donnaient tous les signes d'une vive inquiétude. Ils dressaient les oreilles, se tournaient, le cou tendu, les naseaux ouverts, pour regarder derrière eux, puis hennissant avec force, se jetaient du côté opposé à la vapeur, et cherchaient à se dégager des arbres auxquels ils étaient attachés.

« Il est impossible de rester ici, dit Lassalle.

— Mais où aller?

— Où il plaira à nos chevaux de nous conduire. »

Nous détachâmes ces animaux, et nous nous élançâmes sur leur dos. A peine étions-nous en selle, qu'ils partirent comme s'ils avaient eu une bande de loups à leurs trousses ; et, se dirigeant vers le bayou, ils nous emportèrent, toujours au galop, le long de ce ruisseau, qui s'élargissait à mesure que nous avancions. De grandes touffes de joncs et de roseaux se montraient çà et là. Un morne silence régnait dans ces solitudes, interrompu seulement de temps à autre par le cri d'une oie sauvage ; et ce cri, aigre et strident, avait lui-même quelque chose de surnaturel.

« Que signifie tout ceci? s'écria Lassalle. Au nom du ciel, sonne encore de la trompe. » Je le fis ; mais cette fois on eût dit que le son, refoulé dans la trompe, venait expirer sur mes lèvres. Telle était la chaleur de l'atmosphère, que le poil de nos chevaux, naguère ruisselant de sueur, était maintenant sec et collé sur leur corps ; ils cherchaient, la langue pendante, à aspirer un air plus frais.

« Regarde là-bas, » s'écria de nouveau mon ami, en m'indiquant la ligne de l'horizon masquée jusqu'alors par un rideau de vapeurs. Cet horizon plombé se colorait, vers le sud-ouest, de reflets rougeâtres, et la vapeur avait maintenant l'apparence de fumée. On commençait aussi à entendre dans l'éloignement un pétillement semblable à un bruit lointain de mousqueterie ; ce bruit se répétait à de courts intervalles, et chaque fois nous sentions nos chevaux effrayés tressaillir sous nous.

Cependant le ruisseau s'était considérablement élargi, et ses bords étaient devenus si marécageux qu'il était impossible d'aller plus loin. Nous tombâmes d'accord de retourner à la prairie, afin de voir si nous ne trouverions pas un peu de fraîcheur parmi les palmiers ; mais quand nous arrivâmes à l'endroit où nous avions déjà franchi le ruisseau, nos chevaux refusèrent de le traverser de nouveau, et nous eûmes quelque peine à les y contraindre. Pendant ce temps, l'horizon devenait de plus en plus rouge, l'atmosphère plus brûlante et plus sèche ; la fumée s'était étendue sur la prairie, sur la forêt et sur les champs de palmiers. Nous continuâmes de nous diriger, de notre mieux, vers l'endroit où nous avions fait halte ; nous remarquions, en passant, que les mêmes roseaux qui, une demi-heure auparavant, étaient aussi frais et aussi verts que s'ils venaient de sortir de terre, avaient maintenant leurs feuilles pendantes, ou crispées et roulées par l'effet de la chaleur.

La prairie tout entière, tout l'horizon du côté du sud-ouest, n'étaient plus qu'une masse de fumée. Derrière cet épais rideau, qui se rapprochait de nous à chaque instant, nous entendions un bruit que je ne saurais comparer qu'aux sifflements d'une multitude de serpents. Cette fumée devenait insupportable ; nos chevaux pantelants tournèrent bride et se précipitèrent de nouveau de toute leur vitesse vers le ruisseau. En y arrivant, nous mîmes pied à terre ; mais, cette fois, nous pûmes à peine les empêcher de se jeter dans l'eau. Les lueurs rougeâtres qui sillonnaient l'horizon à notre droite devinrent de plus en plus vives, et de sinistres reflets brillèrent parmi la sombre verdure des cyprès : les craquements et les sifflements se multipliaient. Tout à coup la vérité nous frappa comme un trait de lumière, et nous nous écriâmes tous deux au même instant : « La prairie est en feu !... » Ces mots étaient à peine sortis de nos lèvres, qu'un bruit soudain se fit entendre derrière nous ; une troupe de daims, courant à toutes jambes, se frayaient un passage à travers un petit fourré d'ajoncs, d'où ils se plongèrent dans le ruisseau. Ces pauvres bêtes s'arrêtèrent à moins de cinquante pas de nous, n'ayant guère que la tête hors de l'eau, et nous regardant d'un air qui semblait implorer notre assistance.

Nous tournâmes encore une fois la tête. Des colonnes de flamme, qui dévoraient tout devant elles, précédées de bouffées d'un vent de feu qui pénétrait jusqu'à la moelle de nos os, s'avançaient, ondulantes, à travers de sombres masses de fumée. Le rugissement de l'incendie se faisait maintenant entendre d'une manière distincte, accompagné de détonations semblables au bruit que produirait la chute de grands arbres. Bientôt une vive et immense clarté s'éleva au-dessus des tourbillons de fumée, le rideau fut déchiré, et une mer de feu vint se rouler à nos pieds : c'était le champ de palmiers qui brûlait.

La chaleur devint tellement intense que nous nous attendions à voir nos vêtements prendre feu. Nos chevaux ne peuvent y résister plus longtemps et se plongent dans le ruisseau. Au même instant, un nouveau craquement parmi les joncs attire notre attention. Une ourse, suivie de ses petits, accourait de notre côté; et une seconde troupe de daims se jetait dans l'eau, à une vingtaine de pas de l'endroit où nous étions. Nous couchâmes les ours en joue; ils se dirigèrent alors vers les daims, qui ne se dérangèrent point à leur approche; ours et daims restèrent ainsi en présence, ne s'occupant pas plus les uns des autres que s'ils eussent appartenu à la même famille. D'autres animaux arrivèrent successivement : daims, loups, renards, chevaux, accouraient pêle-mêle chercher dans l'élément liquide un refuge contre la fureur du feu. La plupart, cependant, remontaient le bayou, se portant vers le point où, s'élargissant en un petit lac, il décrivait un coude dans la direction du nord-est : les premiers arrivés commencèrent à suivre instinctivement les nouveaux venus, et nous fîmes de même.

Tout à coup, des aboiements se font entendre. Bravo ! dîmes-nous ; voilà des chiens ; les hommes ne sont pas loin !... Une décharge d'une douzaine de coups de fusil confirma bientôt nos conjectures : nous n'étions pas à trois cents pas de ceux qui tiraient, et cependant nous ne pouvions les voir. Les animaux sauvages qui nous entouraient manifestèrent la terreur que leur inspirait l'approche de ce nouveau danger, mais ils ne cherchèrent pas à fuir. Nous étions nous-mêmes debout au milieu d'eux, et dans l'eau jusqu'à la ceinture. «Qui vive?» criâmes-nous. Nouvelle décharge, beaucoup plus rapprochée. Nous vîmes briller la lumière des fusils, et presque en même temps nous entendîmes des voix confuses qui parlaient un patois moitié français, moitié indien ; nous comprîmes que nous avions affaire à des Acadiens. Troisième décharge !... et cette fois les balles sifflèrent à nos oreilles. Ceci passait la plaisanterie. « Arrêtez ! criâmes-nous ; regardez donc avant de tirer. » Il y eut une pause d'un instant, puis de bruyants éclats de rire. «Feu! feu ! » crièrent deux ou trois voix.

— Prenez garde, répliquâmes-nous; si vous tirez, nous tirerons aussi.

— Qui ose nous donner des ordres? répliquèrent une dizaine d'individus en s'accompagnant de jurements. Feu sur ces chiens-là!

— En ce cas, garde à vous! »

Nouveaux jurements de ces sauvages. « Ce sont des nobles de la paroisse, dirent-ils; cela s'entend à leur parler. Feu sur eux, les chiens, les espions! que viennent-ils faire dans le bayou?

— Que votre sang retombe donc sur vos têtes! » m'écriai-je; et n'écoutant plus que notre désespoir, nous abaissâmes nos fusils dans la direction d'où était partie la dernière décharge. Au même instant : « Holà! qui vive? cria près de nous une voix de stentor.

— Ne tirez plus, ou vous êtes morts! ajoutèrent plusieurs autres voix partant du même côté.

— Par la mordieu!... ce sont des Américains, murmurèrent les Acadiens.

— Monsieur de Lassalle!... cria une voix connue.

— Par ici! riposta mon ami; » et aussitôt un bateau, débouchant du milieu de la fumée, glissa entre nous et nos antagonistes; le jeune Martin était au nombre de ceux qui le montaient. L'instant d'après, nous étions entourés par une vingtaine d'Acadiens et un groupe de six Américains.

Il paraît que les Acadiens, voyant la prairie en

feu, avaient descendu dans leurs embarcations un ruisseau qui se jetait dans le bayou Chicot, sur lequel nous étions alors. Les bêtes de la forêt et de la prairie, en se réfugiant vers l'eau, s'étaient entassées dans l'angle formé par les deux ruisseaux ; et le feu leur coupant la retraite, elles étaient tombées sans peine sous les coups des Acadiens; ces êtres à demi sauvages en faisaient une boucherie qui excita notre dégoût et celui des Américains.

« Eh bien, Français, nous dit un vieillard qui se trouvait parmi ces derniers, allez-vous avec ces Acadiens, ou venez-vous avec nous ?

— Et qui êtes-vous, mes amis ?

— Amis ? répondit l'homme en secouant la tête, vous allez un peu vite ; nous n'en sommes pas encore là. Mais voulez-vous venir avec nous ?

— Monsieur le comte, dit alors Martin, j'ai rencontré par hasard ces braves Américains ; je leur ai dit que nous étions égarés et au bout de nos provisions, et ils ont bien voulu venir à votre recherche.

— Vous n'avez pas l'air d'avoir beaucoup voyagé dans nos prairies, me dit un des Américains.

— Non, mon ami, répondis-je.

— Je vous ai déjà dit, reprit le vieillard avec une certaine hauteur, que nous n'étions pas encore amis; mais si vous voulez accepter l'hospitalité américaine, vous êtes les bienvenus. »

Nous jetâmes un coup d'œil sur les Acadiens, qui continuaient leur tuerie; nous nous sentîmes peu tentés de nous mettre sous leur protection. « Nous vous accompagnerons, si vous voulez le permettre, » dis-je à l'Américain, en m'avançant vers le bateau. Il nous tardait de nous éloigner, car nous étions à moitié étouffés par la chaleur et la fumée. Le vieillard ne répondit pas; toute son attention paraissait absorbée par les opérations des Acadiens.

« Ils sont vraiment pires que des Indiens, observa-t-il à un jeune homme qui se tenait debout auprès de lui; ils tueront plus en une heure qu'ils ne pourraient manger en une année.

— Si nous leur donnions une petite leçon? dit le jeune homme.

— Ce n'est pas notre affaire, répliqua son interlocuteur, ils sont chez eux. »

Ce dialogue, débité avec une lenteur caractéristique, avait lieu dans des circonstances où personne autre qu'un Américain n'aurait songé à perdre du temps en paroles. Une prairie de vingt milles de long sur dix de large, et un bois de palmiers nains ne formaient qu'un vaste embrasement; les flammes se rapprochaient de nous à chaque instant, et sur quelques points elles avaient même atteint les bords du bayou. De l'autre côté, une vingtaine d'Acadiens, qu'on eût pris pour des sauvages, tiraient de droite et de gauche, sans s'inquiéter de savoir où allaient leurs balles; nous étions, Lassalle et moi, au milieu de l'eau, et ces Américains causaient avec autant d'indifférence que s'ils eussent été chez eux, attablés autour d'une bouteille de whisky.

« Demeurez-vous loin d'ici? dis-je enfin au vieillard, avec quelque impatience.

— Pas aussi loin que je le voudrais quelquefois, répondit-il en jetant sur les Acadiens un regard de mépris; mais assez loin pour vous faire gagner de l'appétit, si vous en manquez. » Et tirant de sa poche un rouleau de tabac, il en coupa avec ses dents un morceau qu'il garda dans sa bouche; puis posant les mains sur le bout du canon de son fusil, il appuya son menton sur ses mains et parut de nouveau nous avoir complétement oubliés.

Cette apathie devenait intolérable. « Mon brave homme, dis-je, nous avons dit que nous étions disposés à profiter de votre offre, et si.... »

Je ne pus continuer, car j'étais littéralement suffoqué. L'eau même du ruisseau commençait à être tiède.

« M'est avis, dit l'Américain avec son flegme habituel, et comme s'il n'eût fait que commencer à s'apercevoir du danger de notre position, m'est avis que nous ferions bien de nous éloigner un peu du feu. En avant donc, messieurs.... » Et il nous aida, Lassalle et moi, à entrer dans sa barque, où nous nous laissâmes tomber, complétement épuisés.

Lorsque nous reprîmes nos sens, nous nous trouvâmes étendus au fond du bateau. Le vieil Américain, debout auprès de nous, nous invita à goûter d'une bouteille de tafia, qu'il tenait à la main. Ranimés par cette liqueur, nous promenâmes encore une fois nos regards sur le paysage environnant. Devant nous s'étendait un vaste terrain marécageux, couvert de cyprès ; derrière, une nappe d'eau, formée par la jonction des deux ruisseaux et surplombée d'un dais de fumée, qui nous cachait l'horizon. De temps à autre, un jet de flamme éclairait le marais, et on eût dit alors que les cyprès sortaient du sein d'un lac de feu.

« Allons, dit le vieillard, hâtons-nous. Dans une heure le soleil sera couché, et nous avons du chemin à faire.

— Et par où allons-nous? demandai-je.

— A travers le marais. »

III. Le marais.

Je scrutai de l'œil les sombres profondeurs du marécage, mais sans comprendre comment il nous serait possible de le franchir.

« Existe-t-il, demandai-je au vieillard, quelque route, quelque sentier frayé à travers ce marais ?

— Quelque route, quelque sentier ! Vous croyez-vous donc dans un parc ? Il n'y a ici, jeune homme, d'autre chemin que celui que la nature a fait, et ce chemin le voici. » A ces mots, il s'élança sur un tronc d'arbre, revêtu de mousse et de lichens, qui s'élevait, comme une étroite chaussée, au-dessus de la vase épaisse du marais.

« S'il en est ainsi, dis-je, nous aimons mieux faire le tour.

— Comme il vous plaira, messieurs. Seulement je dois vous prévenir qu'à moins que vous ne vous sentiez d'humeur à souper avec de l'herbe et des joncs, comme vos chevaux, vous courez grand risque de jeûner encore vingt-quatre heures.

— Comment cela ? Il ne manque pas ici de gibier, ce me semble.

— Non, certes, si vous pouvez le manger cru, comme font les Indiens. Mais où trouverez-vous, à deux milles à la ronde, un pied carré de terre ferme, pour y faire votre cuisine ? »

A vrai dire, nous n'étions pas enchantés de nos nouveaux compagnons. Ces *squatters*[1] américains qui avaient envahi la Louisiane, ne jouissaient pas,

---

1. Gens qui s'établissent sur les frontières d'un pays et s'emparent, sans aucun titre de propriété, de la terre qu'ils veulent cultiver.

en général, d'une excellente réputation. Étrangers, pour la plupart, à tout sentiment de crainte comme de religion, n'ayant foi que dans leur bras, leur hache et leur fusil, du reste fort peu scrupuleux sur les questions de propriété, ils passaient pour être presque aussi dangereux que les Indiens eux-mêmes.

Celui qui jusqu'alors avait porté la parole, et qui paraissait être le chef de la troupe, était un homme d'une soixantaine d'années, d'une haute taille, mais dont les formes osseuses accusaient une force peu commune ; son œil était perçant comme celui du faucon ; ses traits annonçaient la finesse et la pénétration, la rudesse de son langage et l'ensemble de ses manières une haute confiance en lui-même et un certain mépris des autres. Il portait une veste de peau, attachée autour des reins par une ceinture dans laquelle était passé un long coutelas ; une culotte également en peau, un chapeau de paille ou plutôt une forme de chapeau sans bord, et des bottines complétaient son accoutrement.

« Où donc est Martin ? demanda Lassalle.

— Voulez-vous parler de ce jeune Acadien qui nous a amenés ici ?

— De lui-même. »

L'Américain étendit le bras dans la direction de la fumée. « Il est là-bas, sans doute, avec ses compatriotes. Mais je suppose que leur infernale chasse est finie : je n'entends plus tirer.

— En ce cas nous irons le rejoindre. Mais nos chevaux, que sont-ils devenus ?

— Il me semble, dit un des jeunes gens, que ces Français ne savent pas bien ce qu'ils veulent. Vos chevaux sont maintenant en sûreté à un demi-mille d'ici. Vous n'auriez sans doute pas voulu que nous attachassions ces pauvres bêtes derrière notre bateau, pour leur faire traverser le bayou à la nage ? D'ailleurs Bill est avec eux.

— Et qu'en fera-t-il ?

— Vous le verrez, répondit assez sèchement le vieillard. Vous ne supposez pas, par hasard.... » Il n'acheva pas, mais un sourire ironique et dédaigneux passa sur sa figure.

Je regardai Lassalle, qui me fit un signe d'assentiment. « Nous vous accompagnerons, dis-je, et je m'en remets entièrement à vous du soin de nous conduire.

— Et vous faites bien. » Puis, se tournant vers un des jeunes gens : « Joseph, dit-il, tu vas aller dans le bateau avec Jacques ; nous autres, nous allons couper tout droit. Mais, à propos, où sont les torches ? Nous en aurons besoin tout à l'heure.

— Des torches ! m'écriai-je.

— Oui, des torches ; et eussiez-vous dix vies à perdre au lieu d'une, autant vaudrait en faire tout de suite le sacrifice, que de songer à pénétrer sans torches dans ce marais. » En parlant ainsi, il battit le briquet, et, choisissant deux longues branches de pin résineux parmi plusieurs qui se trouvaient au fond du bateau, il les alluma. Cependant la barque, montée par deux hommes, poussa au large et disparut bientôt parmi les joncs, nous laissant sur la lisière du marais.

« Maintenant, suivez-moi pas à pas, dit notre guide, et avec autant de précaution que si vous marchiez sur des œufs. Et toi, Jonathas, aie l'œil sur ces étrangers ;... n'attends pas qu'ils soient dans la vase jusqu'au cou pour les en tirer. »

Ce discours était peu rassurant ; mais, rassemblant tout notre courage, nous nous avançâmes à la suite du vieillard.

Nous ne tardâmes pas à reconnaître l'utilité des torches. Les troncs massifs de cyprès, distants de douze à quinze pieds les uns des autres, s'élançaient dans l'air comme de sombres colonnes; à la hauteur de cinquante pieds seulement, leurs branches, se détachant de la tige à angles droits, donnaient à ces arbres séculaires l'apparence de gigantesques ombrelles, et formaient au-dessus du marais une voûte à travers laquelle aucun rayon du soleil ne pouvait se frayer un passage. Nous aperçûmes, en regardant derrière nous, la lumière du jour à l'entrée du marais, comme à l'ouverture d'un antre. L'air s'épaississait à mesure que nous avancions ; les exhalaisons devinrent étouffantes, et nos flambeaux ne jetèrent bientôt plus qu'une lueur pâle et vacillante, comme s'ils eussent été sur le point de s'éteindre.

« Oui, ma foi, marmottait notre guide, celui qui passerait une nuit, que dis-je ? une heure dans ce maudit marais, pourrait bien s'en ressentir pour le reste de ses jours. Heureusement que le feu de la prairie resserre les pores ! »

Cependant il s'avançait toujours, projetant la lumière de sa torche sur chacun des troncs d'arbres renversés qui nous servaient de chaussée, ou plutôt de pont, et les sondant avec son pied avant de s'y hasarder. Il mettait dans tous ses mouvements une adresse et un aplomb qui prouvaient qu'il était familiarisé avec ce sentier périlleux.

« Serrez-moi de près, nous dit-il, et faites-vous aussi légers que vous le pourrez. Retenez votre haleine, et — ha ! qu'est-ce que cela ? Eh ! bien, Nathan, continua-t-il en se parlant à lui-même, qu'as-tu donc, mon ami ? Est-ce que tu ne sais plus distinguer un alligator de seize pieds d'un tronc d'arbre ? »

Il avait déjà la jambe étendue en avant ; mais, par bonheur, avant de poser son pied, il poussa avec la crosse de son fusil l'objet qu'il prenait pour un tronc d'arbre. Celui-ci s'enfonça un peu, et le vieillard, se rejetant vivement en arrière, faillit me culbuter dans la vase.

« Ah! ah! coquin, dit-il sans se déconcerter, tu croyais me tenir, n'est-ce pas?

— Qu'y a-t-il donc? demandai-je.

— Peu de chose, répondit-il en tirant son coutelas de sa gaîne. Ce n'est qu'un alligator. Tenez, le voyez-vous, à présent? » Et au lieu du tronc d'arbre, qui avait disparu, les mâchoires d'un énorme alligator s'ouvrirent devant nous.

Je portai la crosse de mon fusil à mon épaule; mais l'Américain me saisit par le bras. « Ne tirez pas, me dit-il en baissant la voix; ne tirez pas, tant que vous pourrez vous en dispenser. Nous ne sommes pas seuls ici; et d'ailleurs voici qui fera l'affaire aussi bien, » ajouta-t-il en se baissant et plongeant son coutelas dans l'œil de l'alligator. Le monstre poussa un effroyable rugissement, et agitant violemment sa queue, fit rejaillir jusque sur nous la fange noire et infecte du marais.

« A toi celui-là, poursuivit le vieillard avec un rire féroce, et celui-ci, et encore celui-ci, » dit-il, frappant chaque fois entre l'épaule et les côtes l'horrible bête, qui, se débattant avec fureur, faisait de vains efforts pour le saisir. Puis il essuya tranquillement la lame ensanglantée de son coutelas, le remit à sa ceinture, et regarda avec soin autour de lui.

« M'est avis, dit-il, qu'il doit y avoir quelque part par ici un gros bloc de bois. Ce n'est pas la première fois que j'y passe. Ah ! je l'aperçois ; mais il est à six bons pieds de nous. Allons, messieurs les Français, vous savez danser ; » et en parlant ainsi, il s'élança, et d'un bond atteignit le but.

« Prenez garde! lui criai-je; il y a de l'eau là : je la vois briller.

— Bah! de l'eau! vous prenez des couleuvres pour de l'eau. Allons, sautez! »

J'hésitai, je l'avoue, et un frisson parcourut tout mon corps. La distance à franchir n'avait en elle-même rien d'extraordinaire; mais c'était une espèce de gouffre, plein d'une boue fétide, sur lequel on voyait s'agiter une quantité de couleuvres et de vipères *mocassines*, les plus dangereux reptiles de l'Amérique du nord.

« Allons donc! »

La nécessité me donna des forces, et, appuyant fortement mon pied gauche sur le tronc d'arbre que nous sentions s'enfoncer sous notre poids, je franchis l'abîme. Lassalle me suivit.

« Bravo! dit le vieux Nathan. Encore deux ou trois sauts comme celui-là, et nous aurons passé le plus mauvais. »

Nous poursuivîmes notre route lentement et avec précaution, ne nous aventurant jamais sur un nouveau tronc avant de l'avoir sondé avec le bout de nos fusils. Ce marécage longeait, sur une étendue de près de cinq milles, le cours du bayou; c'était un lac de vase, recouvert d'une couche perfide de végétaux rampants et de mousses verdâtres, qui s'étaient étendus, comme un réseau, sur toute sa surface et avaient également envahi les branchages et les troncs à demi pourris dont il était parsemé. Ces troncs n'étaient pas disposés d'une manière régulière : il était cependant évident que la main de l'homme avait passé par là.

« On dirait qu'on a fait ici une sorte de chemin, fis-je observer à notre guide ; car....

— Silence! me dit le vieillard à demi-voix. Pas un mot de plus, jusqu'à ce que nous soyons sur la terre ferme. » Et comme la lueur des torches, se projetant dans les ténèbres, nous découvrait, tout près de nous, plusieurs longs serpents, dont on voyait briller les anneaux enlacés parmi les mousses et les lianes : « Ne vous occupez pas de cela, ajouta-t-il, et suivez-moi toujours. »

Mais au moment où j'avançais la jambe pour poser mon pied à la place même que le sien venait de quitter, le museau hideux d'un alligator se dressa à côté du tronc d'arbre sur lequel j'étais, et le monstre fit un mouvement si rapide vers moi, que j'eus à peine le temps d'ajuster ses yeux étincelants et de faire feu. Il bondit en arrière, mortellement blessé, poussa un cri de douleur et de rage, puis s'agitant convulsivement dans la vase, disparut pour toujours.

Nathan se retourna au bruit de mon coup de fusil, et un sourire approbateur effleura ses lèvres, tandis qu'il m'adressait quelques mots que je n'entendis pas, étourdi par le vacarme infernal qui s'éleva au même instant de tous côtés, et qui d'abord m'assourdit complétement. Des milliers, des myriades d'oiseaux et de reptiles, alligators, chats-huants, énormes crapauds d'Amérique, hérons, chauves-souris, habitants de la vase du marais et de son dôme de feuillage, commencèrent le plus effroyable charivari de mugissements, de coassements, de sifflements, de cris de toute espèce, qu'il soit possible d'imaginer. Sortant des retraites immondes dans lesquelles ils s'étaient jusqu'alors tenus cachés, les alligators élevèrent leurs têtes hideuses au-dessus de la surface du marais, grinçant les dents et se rapprochant de nous, tandis que les hiboux et les autres oiseaux, tourbillonnant à grand bruit autour de nos têtes, nous frappaient de leurs ailes en passant. Nous tirâmes nos couteaux et essayâmes de garantir au moins nos yeux et notre visage ; mais nos efforts étaient impuissants contre ces nuées d'assaillants qui semblaient s'abattre sur nous de toutes parts, et cette lutte inégale ne se fût pas prolongée longtemps, lorsqu'un coup de fusil retentit, suivi presque immédiatement d'un second. Cette double détonation produisit un effet magique : aux cris de douleur succédèrent des hurlements plaintifs; les alligators rentrèrent dans leur vase native; les oiseaux, s'éloignant peu à peu, regagnèrent l'épaisseur du feuillage : l'ennemi était en pleine retraite. Tous les bruits cessèrent graduellement et firent place au silence. Mais dans le désordre de cette mêlée, nos torches s'étaient éteintes; nous nous trouvions au milieu de la plus profonde obscurité.

« Au nom du ciel! êtes-vous là, monsieur? demandai-je.

— Eh quoi! vous êtes encore en vie? repartit notre guide avec une explosion de gaieté que je ne pus partager; et votre ami aussi! Je vous l'avais bien dit, que nous n'étions pas seuls. Ces maudites bêtes se défendent, si on vient les attaquer chez elles, et un coup de fusil suffit, comme vous l'avez vu, pour les mettre toutes en mouvement. Mais quand elles voient que c'est pour de bon, elles se lassent bien vite du jeu, et deux ou trois coups de feu lâchés au milieu de la bande les mettent ordinairement à la raison. »

En parlant ainsi, le vieillard battit de nouveau le briquet, et ralluma une des torches. » Heureusement, ajouta-t-il, que nous voici sur un terrain un peu plus solide. Et maintenant, hâtons-nous, car le soleil est couché, et il nous reste encore assez de chemin à faire. »

Alors il reprit la tête de la colonne, continuant de nous diriger avec une adresse et une assurance qui augmentaient à chaque instant notre confiance en lui. Après avoir marché pendant près d'une demi-heure, nous vîmes poindre une faible lueur dans le lointain.

« Encore cinq minutes, et vous serez au bout de vos peines. Mais c'est ici qu'il faut de la prudence; c'est toujours vers la lisière de ces marais que les alligators se tiennent de préférence. »

J'étais tellement impatient de me retrouver sur la terre ferme, que j'entendis à peine ce que disait Nathan; et comme les blocs ou troncs qui nous servaient de points d'appui étaient maintenant beaucoup plus rapprochés les uns des autres, je pressai le pas, et me trouvai un peu en avant de mes compagnons. Tout à coup je sentis qu'un bloc sur lequel j'avais mis le pied cédait sous moi. J'eus à peine le temps de crier au secours! que déjà j'étais dans la vase jusqu'au-dessus de la ceinture, continuant toujours d'enfoncer.

« Vous voulez toujours aller trop vite, vous autres Français, » dit le vieillard en riant; et s'élançant en avant, il me saisit par les cheveux.

« Que ce soit une leçon pour vous, ajouta-t-il en me tirant de la vase; et maintenant, regardez là. »

Je vis en effet, en regardant du côté qu'il m'indiquait, cinq ou six alligators qui battaient le marécage, en se dirigeant vers l'endroit où j'étais tombé. Une sueur froide couvrit tout mon corps, et je restai quelques moments sans pouvoir articuler une parole. L'Américain me tendit son flacon de tafia.

« Avalez une goutte de ceci, me dit-il. Mais non; il vaut mieux attendre que nous soyons hors de ce mauvais pas. Arrêtez-vous jusqu'à ce que le cœur ne vous batte plus si fort. Allons, je vois que cela va mieux déjà. Quand vous aurez fait encore deux ou trois promenades comme celle-ci avec le vieux Nathan, vous ne serez plus le même homme. En avant donc! »

Quelques minutes après, nous avions franchi la limite du marais, et nous nous trouvions devant un champ de palmiers nains, qui frémissaient doucement aux rayons de la lune. L'air était frais, et nous pûmes respirer librement.

« Maintenant, dit notre guide, buvons un coup, et dans une demi-heure nous serons à la clairière des chênes, où nous trouverons bien un daim pour notre souper. — Allons! qu'est-ce que cela?

— Un coup de tonnerre, dis-je.

— Un coup de tonnerre? Vous n'avez pas encore vu d'orage dans la Louisiane, jeune homme; autrement vous sauriez distinguer un coup de tonnerre d'un coup de carabine américaine. C'est Jacques qui vient de tirer ; il a tué un daim. Mais voici un second coup. »

Cette fois, il était évident que la détonation était produite par la décharge d'une arme à feu ; mais elle fut répercutée comme un coup de tonnerre par les échos des bois.

« Il faut leur faire savoir que nous sommes encore de ce monde, et non pas dans la gueule d'un alligator, » dit le vieillard en déchargeant à son tour sa carabine en l'air.

Au bout d'une demi-heure nous arrivâmes à la clairière des chênes, où nous trouvâmes les deux fils de notre guide occupés à vider et à dépecer un beau daim qu'ils venaient de tuer, occupation qui les absorbait tellement, qu'ils parurent à peine s'apercevoir de notre arrivée. Nous nous jetâmes sur la terre, heureux de pouvoir nous reposer après les fatigues que nous avions essuyées et les dangers auxquels nous venions d'échapper. Quand ils eurent terminé leurs préparatifs :

« Voulez-vous souper ici, dit le père en s'adressant à Lassalle et à moi, ou préférez-vous attendre que nous soyons arrivés chez nous ?

— Y a-t-il encore loin ?

— Deux bonnes heures de marche.

— En ce cas, nous aimons mieux manger un morceau ici.

— Soit ! » Et aussitôt des feuilles sèches et des branchages furent rassemblés ; une minute après, un des quartiers de derrière de l'animal, embroché sur un morceau de bois, tournait devant la flamme pétillante.

Nous soupâmes avec un appétit auquel la nouveauté de la scène et l'étrangeté de notre situation semblaient prêter un nouveau stimulant. Cette halte ne fit d'ailleurs qu'accroître la haute opinion que nous avions déjà conçue de l'adresse et de l'intelligence de Nathan. Manœuvrant, en effet, avec l'habileté d'un diplomate consommé, il sut diriger la conversation de manière à connaître, presque à notre insu, tout ce qu'il lui importait de savoir de nos vues, de nos projets, de nos espérances. On a dit, et l'observation est parfaitement juste, que l'Amérique pouvait se passer de police, par cette raison fort simple, que chaque indigène y est, dans la sphère de son influence, un véritable officier de police. C'est même là un des traits caractéristiques de la société aux États-Unis.

Nous n'avions aucun motif pour ne pas nous expliquer avec franchise ; nos droits étaient légitimes et nos intentions loyales. Mais nous crûmes remarquer, dans le langage du vieillard, certaines insinuations hostiles, ou du moins peu bienveillantes ; il supposait apparemment qu'à la faveur de notre concession, dont il affectait, du reste, de faire fort peu de cas, nous venions, comme avaient déjà fait, dans ces mêmes parages, certains aventuriers, pour examiner son habitation, et nous en emparer si nous la trouvions à notre convenance.

Quoi qu'il en soit, nous nous remîmes en marche. Nous traversâmes d'abord une prairie, puis une forêt, et des broussailles dont le contact fut fatal aux débris de notre garde-robe. De là nous débouchâmes sur un terrain ondulé, des hauteurs duquel nous pûmes apercevoir la grande prairie qui brûlait toujours. Le vent apportait même jusqu'à nos oreilles le bruit produit par la chute des arbres que dévorait l'incendie. Après avoir marché pendant plusieurs milles, le ramollissement du sol et d'autres indices annoncèrent le voisinage d'un nouveau marais, par lequel nous nous trouvâmes en effet bientôt arrêtés. Deux des fils de Nathan déposèrent leur fardeau sans mot dire, et prenant leurs haches, se mirent en devoir d'abattre par le pied le cyprès le plus voisin du bord. Nous attendions en silence, Lassalle et moi, la suite de cette aventure, admirant en même temps l'aisance vraiment merveilleuse avec laquelle procédaient ces jeunes gens. On eût dit que c'était un jeu pour eux. Leurs haches tombaient sur le bois à coups pressés et avec la régularité des fléaux qui battent le blé. En moins de cinq minutes, cet arbre, qui avait quatre à cinq pieds de diamètre, chancela sur sa base et s'abattit avec un grand fracas dans le marais. Aussitôt les deux intrépides bûcherons s'élancèrent sur le tronc couché horizontalement et s'avancèrent jusqu'au bout, en coupant les branches sur leur passage, à l'exception de celles de l'extrémité. Parvenus là, ils abattirent un second arbre de la même manière, puis successivement un troisième et un quatrième.

« Nous nous hasardâmes à demander quel était le but de tout ce travail.

— De tout ce travail! répéta Nathan, avec un air d'ineffable dédain. On voit bien que vous ne savez pas encore ce que c'est que le travail; et, m'est avis que vous auriez mieux fait de rester dans votre pays, où il y a, dit-on, des millions d'imbéciles qui travaillent toute leur vie au profit des autres. Vous m'avez un peu l'air d'être de ces aristocrates qui ne voulant pas se donner la peine de faire eux-mêmes leur nid, trouvent plus commode de s'installer dans le nid d'autrui. »

Nous ne jugeâmes pas à propos de relever cette allusion peu fardée, et nous suivîmes le vieillard, qui marchait devant nous. Les arbres abattus nous servirent encore une fois de pont. Arrivés à l'extrémité du premier, que l'on n'avait pas dégarni de ses branches afin d'empêcher le tronc de s'enfoncer dans la vase, nous passâmes sur le second, puis sur les autres, et nous nous retrouvâmes bientôt en terre ferme. Après avoir encore cheminé pendant quelque temps dans un champ couvert d'épaisses broussailles, où nous ne pouvions avancer qu'à la file, notre guide s'arrêta tout à coup.

— Où sommes-nous? demandai-je.

— Dans la Louisiane, répondit-il avec ce sourire sardonique qui lui était familier, entre la rivière Rouge, le golfe du Mexique et le Mississipi, dans les limites tracées par votre roi, et pourtant dans un endroit où son bras, tout long qu'il est, n'a pu atteindre. » Puis, me conduisant à quelques pas de là, il m'indiqua de la main une masse informe qui ressemblait à un grand mur en terre.

« N'est-ce pas quelque tombe indienne?

— Vous l'avez dit, c'est une tombe; mais ce n'est pas une tombe des Peaux-Rouges, quoiqu'elle ait pu avoir autrefois cette destination. C'est la tombe d'un blanc, du meilleur des blancs qui aient jamais descendu le fleuve sans fin ! » Et en parlant ainsi, il était visiblement ému.

Nous approchâmes, et après avoir escaladé une sorte de rempart dégradé, nous nous trouvâmes derrière une palissade qui entourait une grande cabane en bois. Cette cabane, entièrement nue, ne renfermait autre chose qu'une cheminée d'une construction grossière, et dans un coin un petit tertre de terre.

« Ne marchez pas là, dit Nathan d'un ton solennel, cette terre est sacrée! Oui, c'est là qu'il repose; nous sommes ici dans son blockhaus, dans le blockhaus qu'il construisit de ses mains, et qu'il baptisa de son sang! C'est ici que six carabines américaines ont tenu tête à quatre-vingt-cinq baïonnettes françaises et espagnoles; c'est ici qu'Aza Nollins est tombé, mais tombé comme un brave qu'il était, après avoir fait mordre la poussière à trente-cinq de ses assaillants. C'est à l'ombre de ces arbres, ajouta-t-il en désignant un groupe de cotonniers dont les cimes étaient argentées par les rayons de la lune, et parmi le sombre feuillage desquels semblaient errer les esprits de ceux qui n'étaient plus, c'est à l'ombre de ces arbres qu'ils ont combattu, qu'ils sont morts et qu'ils ont été ensevelis. Oui, les Espagnols se souviendront longtemps d'Aza Nollins! »

Il y eut un moment de silence.

« Aza Nollins? dis-je enfin; il me semble que ce nom ne m'est pas inconnu.

— Je vous comprends, repartit le vieillard en attachant sur moi son œil de lynx. Vous ne dites pas là-dessus tout ce que vous pensez, et peut-être avez-vous raison. Mais je vais vous le dire, moi. On vous a donné à entendre que cet homme, dont la tombe est sous vos yeux, était un voleur de chevaux, n'est-ce pas? et probablement aussi un rebelle?

— Je crois qu'il s'agissait en effet de quelque chose comme cela ; mais il ne m'en reste, à vous dire vrai, qu'un souvenir confus....

— Eh bien ! je vous dirai, moi, interrompit Nathan avec véhémence, que ce sont autant de mensonges, d'infâmes mensonges. Aza ne pouvait pas être un rebelle, puisqu'il était Américain, ce qui veut dire homme libre ; et quant à voler des chevaux, il n'en a pas plus volé que moi, qui suis *régulateur*, et choisi par mes concitoyens pour maintenir l'ordre.

— Régulateur ! demandai-je. Qu'est-ce que cela, je vous prie ?

— C'est une charge, répondit-il en prenant un air d'importance, que nous avons créée, nous autres *backwoodsmen*[1], pour nous procurer la justice gratis, au lieu de l'acheter des juges et des avocats, comme on achète de la farine et du whisky, à raison de tant pour un dollar. Nous reparlerons de cela plus tard ; je veux d'abord vous raconter l'histoire d'Aza et de son blockhaus, auquel nous avons donné le nom de *blockhaus sanglant*, nom qu'il n'a que trop bien mérité. »

1. *Backwoodsman*, littéralement homme des arrière-forêts, des bois éloignés. Ce sont ces hardis pionniers qui, s'avançant d'un mouvement graduel, mais incessant, dans les contrées sauvages de l'ouest, depuis les sources de la Columbia et du Missouri jusqu'à l'Arkansas et à la rivière Rouge, y frayent les voies à la civilisation.

Ces derniers mots furent prononcés d'une voix grave.

« Nous serons charmés, dis-je, d'entendre ce récit ; mais ne pourrions-nous pas remettre cela à un autre moment?

— A un autre moment? Le sot ajourne, tandis que le sage agit. Chaque chose a son temps, et c'est maintenant le temps de parler d'Aza, puisque nous sommes dans ses foyers et sous son toit. »

Quoique le langage grossier et souvent insolent de cet homme commençât à nous déplaire, et que nous eussions quelque regret de nous être si fort avancés, nous crûmes devoir nous abstenir de toute manifestation de nos sentiments à cet égard, et nous prîmes une attitude qui indiquait que nous étions prêts à écouter l'histoire d'Aza.

IV. Aza Nollins.

« On perd toute idée de limites, dit Nathan, lorsqu'on vogue sur le puissant Mississipi, dont les rives inondées jusqu'à vingt-cinq milles de part et d'autre, vous laissent deviner le lit du fleuve, au milieu des écueils de toute espèce qui menacent à chaque instant de vous engloutir. Oui, vous pouvez rendre grâces à Dieu, si vous êtes enfin poussés hors de cet effroyable courant dans des eaux comparativement tranquilles. Nous eûmes ce bonheur, Aza et moi. Notre intention était de prendre terre dans l'Arkansas; mais nous fûmes entraînés malgré nous, et nous nous estimâmes heureux de nous trouver arrêtés à une centaine de milles plus loin, à l'embouchure de la rivière Rouge. Une quantité de grands arbres, charriés par les eaux, s'étaient amoncelés en cet endroit, et ce fut cet obstacle qui nous sauva. Il était temps; car notre arche fatiguée faisait eau de toutes parts, et n'était plus en état de résister à la violence du courant. Nous débarquâmes comme nous pûmes, avec nos femmes et nos bagages, sur cet îlot flottant, qui souvent se dérobait sous nos pieds. Un mouvement continuel, causé par l'agitation des eaux, ne nous permettait ni de nous asseoir ni de nous tenir debout. si, par hasard, nous nous avisions de grimper sur quelque tronc jeté par-dessus les autres, les troncs inférieurs s'enfonçaient aussitôt, et nous avions toutes les chances possibles de rouler dans le fleuve, où nous attendaient des bandes d'alligators affamés, que nous voyions rôder çà et là, convoitant leur proie. Nous attrapâmes quelques écureuils qui avaient, comme nous, cherché refuge sur ce radeau naturel, et nous parvinmes, non sans peine, à les faire cuire pour notre dîner.

« Cette position n'était pas tenable. Nous rentrâmes donc dans notre mauvais bateau plat, que nous vidâmes de notre mieux, et, nous engageant dans la rivière Rouge, qui n'est qu'un ruisseau en comparaison du Mississipi, nous parvînmes, au milieu de la nuit, et après des peines inouïes, à prendre terre. Nous allumâmes un grand feu pour nous sécher et tenir à distance respectueuse les insectes et autres bêtes; nous nous couchâmes sur un lit d'herbes marines, et, accablés par la fatigue, nous dormîmes d'un sommeil profond. Le lendemain, nous tirâmes notre bateau à terre, et, après y avoir fait les réparations les plus urgentes, nous continuâmes de remonter la rivière, puis un grand bayou qui se jetait dedans, jusqu'à ce que nous eussions trouvé un terrain solide, où nous débarquâmes, avec notre monde, nos effets et nos provisions. Là, sous une hutte de branchages, construite à la hâte, nous goûtâmes un véritable repos pour la seconde fois depuis deux mois que nous naviguions sur le fleuve.

« Cependant nous fûmes sur pied de bonne heure. Nous avions, avant tout, deux choses à faire : il s'agissait, d'abord, de nous assurer des moyens d'existence ; ensuite, de trouver quelque emplacement où un honnête squatter pût s'établir sans crainte de se voir, un beau matin, congédié par le shériff. Nous prîmes nos haches et nos fusils, et, nous partageant en deux bandes, l'une conduite par mon beau-frère Aza, l'autre par moi, nous partîmes dans deux directions différentes, laissant deux hommes auprès des femmes. Cette exploration à travers des solitudes hérissées de tous les obstacles que peut présenter une nature sauvage, n'était pas précisément, comme vous pouvez le penser, une partie de plaisir. Après quatre journées d'une marche pénible, pendant lesquelles nous vécûmes de notre chasse, car les backwoodsmen n'ont pas pour habitude de se charger de provisions, j'arrivai sur un plateau d'où la vue s'étendait au loin; devant moi se déroulait une vaste prairie, à droite était un bois de cotonniers, et derrière, la forêt que vous voyez en ce moment. C'était une terre excellente, également propre à la culture du tabac, du coton et de la canne à sucre, et, par-dessus tout, des eaux délicieuses. Je sautai de joie comme un enfant, et passai la journée entière à examiner tout en détail; ce fut dans le cours de ces pérambulations que je découvris cette butte artificielle. En réfléchissant à sa destination probable, je m'avisai que ce devait être quelque fort construit par les Peaux-Rouges, car les arbres avaient été abattus tout à l'entour dans un rayon de soixante pas, et l'idée me vint que nous pourrions, en cas de besoin, nous en servir pour nous défendre.

« Je repris le chemin de notre campement provisoire, où j'arrivai après six jours d'absence. Aza, moins heureux que moi dans ses recherches, m'avait précédé. Je lui fis part de ma découverte. Il m'écouta attentivement.

« Es-tu sûr, me dit-il lorsque j'eus fini, que cette terre soit libre? As-tu bien examiné si les arbres ne portaient aucune marque, aucune trace de coups de hache?

— Je n'ai vu ni coups de hache, ni marques d'aucune espèce, répondis-je, mais seulement un monticule indien entouré de broussailles, et je gagerais qu'aucun pied d'homme n'a passé par là depuis trente ans.

— Et les créoles?

— Il y a un marais dans le voisinage, et les créoles n'aiment guère les marais. »

« Le lendemain nous partîmes, emportant sur nos épaules tout ce que nous pûmes, et, quand Aza eut vu le terrain en question, il en fut émerveillé. Notre installation fut immédiatement décidée, et nous nous mîmes sur-le-champ à abattre des arbres et à commencer la construction d'une grande maison de bois. Je ne vous dirai pas toutes les peines que nous eûmes à y transporter notre matériel et nos gros bagages; il nous fallut jeter des ponts, fabriquer des radeaux, et nous tailler, la hache à la main, des chemins à travers les forêts. Enfin, au bout de six semaines, nous étions tous installés dans cette habitation; nous avions en outre élevé deux autres cabanes également en bois, auxquelles il ne manquait que des portes et des fenêtres. Mais qu'importe? combien d'autres, plus riches que nous, avaient commencé avec moins?

« Les ours étaient très-nombreux dans ces parages; nous en tuâmes en quelques jours une douzaine, dont nos femmes firent bouillir la graisse et sécher les jambons. Nous y joignîmes une certaine quantité de quartiers de peaux de daims; et, comme nos provisions commençaient à baisser, et que la saison était trop avancée pour pouvoir espérer de rien récolter cette année, nous remîmes encore une fois, Aza et moi, notre embarcation à flot, et nous redescendîmes jusqu'à la Nouvelle-Orléans, que mon beau-frère connaissait déjà. Nous n'avions pas voulu aller à Natchitoches, qui était moins loin, dans la crainte que les limiers français et espagnols ne vinssent à découvrir que nous étions établis si près d'eux et que c'étaient leurs ours et leurs daims que nous leur vendions. Une peau d'ours offerte à propos à l'inspecteur du port lui fit fermer les yeux sur l'irrégularité de nos papiers. Nous vendîmes notre graisse, nos peaux et nos quartiers de daim, et, après avoir réalisé près de trois cents dollars et échangé notre barque contre une autre plus solide, nous remontâmes vers Bâton-

Rouge. Là, nous hêlâmes un bateau plat qui descendait le fleuve, et dont le patron nous céda une douzaine de barils de blé et six barils de farine et de whisky. Nous achevions le transbordement de ces provisions, lorsque nous aperçûmes les douaniers espagnols qui se mettaient en mouvement pour venir nous rendre visite. Nous leur tirâmes la révérence, et, après avoir lutté pendant plusieurs jours encore contre les courants du Mississipi et de la rivière Rouge, nous nous retrouvâmes au milieu des nôtres; nous avions eu la précaution de mettre notre bateau à sec et de le couvrir de feuilles et de branchages, afin de pouvoir nous en servir plus tard.

« Nous étions tranquilles pour l'hiver, et nous nous occupâmes de fumer nos champs et de tailler nos arbres; nous disposâmes environ dix acres de terre pour recevoir du blé, et six du tabac. Un jour que nous nous livrions avec ardeur à nos travaux, hommes et femmes, nous entendîmes tout à coup un bruit de chevaux, et, levant la tête, nous vîmes quatre cavaliers, accompagnés de plusieurs chiens, qui traversaient la prairie en se dirigeant de notre côté. Dès qu'ils nous eurent aperçus, ils s'arrêtèrent, ne paraissant pas moins surpris que nous de cette rencontre inattendue, et se consultèrent entre eux.

« Voilà, dit Aza, une excellente occasion pour

faire emplette d'une paire de chevaux, et je m'en vais voir si je ne puis pas faire affaire avec ces gens-là. » En disant ces mots, il s'avança vers eux, les salua poliment, car Aza était un homme qui savait vivre : il avait servi sous La Fayette pendant la guerre de la révolution, et il leur demanda s'ils ne voulaient pas descendre et se rafraîchir. Pendant ce temps nous avions pris nos carabines, qui étaient toujours sous notre main ; la carabine, comme vous le savez, est le meilleur ami du backwoodsman. A cette vue, les créoles furent un peu effarouchés ; Aza les eut bientôt rassurés en leur disant que nous avions des armes pour nous défendre contre les bêtes sauvages et les Peaux-Rouges, mais non pas pour nous en servir contre des chrétiens. Ils se rapprochèrent de nous et mirent pied à terre. Nous leur fîmes les honneurs de notre habitation et les invitâmes à partager notre dîner. Ils acceptèrent, et, pendant le repas, Aza leur demanda s'ils auraient quelque répugnance à troquer deux de leurs chevaux contre de beaux dollars d'argent. A ce mot, leurs yeux brillèrent de joie, car l'argent était alors, comme aujourd'hui, une chose rare dans le pays. Ils demandèrent combien Aza leur en donnerait. « Pour le bai-brun que vous montiez, répondit Aza au chef de la troupe, je donnerai vingt dollars, et pour l'alezan au pied blanc, quinze. »

« Après beaucoup de pourparlers et quelques mauvaises chicanes de la part de ces étrangers, on finit par tomber d'accord sur le prix; les espèces furent comptées et le marché scellé avec une première bouteille de tafia, suivie de plusieurs autres, jusqu'à ce que nos hôtes, étourdis par leurs libations, nous avouèrent, en balbutiant, qu'ils n'étaient pas très-flattés de nous trouver dans ce voisinage, où il y aurait bientôt trop de chasseurs. Nous répondîmes que plus tôt on serait débarrassé des ours, des loups et des panthères, mieux ce serait pour le pays, et que d'ailleurs la terre n'avait pas été faite pour chasser, mais pour y cultiver le coton, la canne à sucre et le blé. Ils ne parurent pas se contenter de ces raisons et marmottèrent quelque chose entre eux dans un jargon moitié français, moitié espagnol; et en partant, deux sur chaque cheval, ils eurent soin de nous dire que nous les reverrions bientôt.

« Aza les regarda aller, et, secouant la tête : « Je crains bien, dit-il, que ces damnés créoles ne nous attirent quelque mauvaise affaire.

— Que veux-tu qu'ils nous fassent? demanda ma sœur Rachel, sa femme.

— Je n'en sais rien ; mais, aussi sûr qu'il y a des schériffs dans les vieux États de l'Union il doit y avoir ici, sous un nom ou sous un autre, quelque chose de semblable.

— Mais si cette terre n'appartient à personne, et que nous soyons les premiers qui y ayons construit une hutte?

— En ce cas, dit Aza, elle nous appartient en toute justice. Mais n'importe : je prévois des difficultés.

— Eh bien! répondis-je, nous sommes-là, et ils trouveront à qui parler. »

« Aza ne s'était pas trompé. A quelque temps de là, comme nous travaillions dans le bois, Jean accourut à nous : « Les Peaux-Rouges! les Peaux-Rouges! nous dit-il.

— Les Peaux-Rouges! Que diable nous veulent-ils? Ils n'ont pas la prétention de nous scalper, par hasard? Il faudrait, pour cela, qu'ils se levassent de bonne heure. »

« Nous empoignâmes nos carabines, et nous nous portâmes sur la petite éminence qui était en avant de notre habitation. De là, nous vîmes une quinzaine d'hommes à cheval qui se dirigeaient tout droit vers notre quartier général, en poussant de grands cris.

« Nathan, me dit Aza, ce ne sont pas là des Peaux-Rouges. M'est avis que ce sont encore ces maudits créoles, qui viennent cette fois avec du renfort; ils m'ont tout l'air d'un ramas de vauriens. » Et c'était, ma foi, vrai; on les eût pris pour des gens ivres.

« Quand ils ne furent plus qu'à une cinquantaine de pas, Aza se porta à leur rencontre. Un des plus avancés de la troupe cria alors : « Le voilà, le vagabond ! c'est lui qui m'a escroqué mon bai-brun. » Aza ne daigna pas même répondre, et les laissa s'approcher. Alors l'un d'eux demanda : « Qui de vous est le chef ?

— Il n'y a pas de chef ici, répondit Aza ; nous sommes tous citoyens, et tous égaux. »

« L'orateur reprit : « Vous avez volé un cheval à ce monsieur, et il faut le lui rendre.

— N'est-ce que cela ? fit Aza dédaigneusement.

— Non pas ! Vous avez encore à nous dire qui vous a donné le droit de chasser dans ce pays.

— Probablement le même qui vous l'a donné, répliqua Aza, dont l'assurance et le sang-froid imposaient évidemment aux créoles.

— Nous tenons nos droits de son excellence le gouverneur, crièrent les uns. — C'est Sa Majesté le roi de France et de Navarre qui nous a octroyé nos concessions, » vociférèrent les autres, et ils firent cabrer et caracoler leur chevaux comme s'ils eussent été fous.

Nous jugeâmes aussitôt qu'il n'y avait parmi eux aucun magistrat, et que c'était simplement un ramassis de créoles du voisinage, qui croyaient nous effrayer. Aussi, lorsqu'ils nous demandèrent si nous étions autorisés à nous établir en cet endroit, Aza les invita poliment à se mêler de leurs affaires. Ils menacèrent alors de nous dénoncer au commandant de Natchitoches, et au syndic, et à je ne sais qui encore; sur quoi Aza répondit qu'ils pouvaient nous dénoncer au diable, si cela leur faisait plaisir, mais qu'il leur conseillait de se dépêcher, car il pourrait bien, si on lui faisait perdre patience, les renvoyer chez eux de manière à leur ôter l'envie de revenir. L'homme au cheval cria qu'il voulait son bai-brun. Aza dit qu'il était prêt à rendre les deux chevaux, si on voulait lui rembourser les trente-cinq dollars qu'il avait payés. Le créole répliqua qu'il n'avait reçu que quinze dollars.

Aza nous appela; nous étions restés en observation à une trentaine de pas, derrière les cotonniers, et notre apparition eut pour effet de calmer un peu les velléités belliqueuses de nos adversaires, qui firent un mouvement de retraite. Aza invoqua notre témoignage en rappelant les faits tels qu'ils s'étaient passés. Il n'y avait rien à répliquer. Le créole furieux hurla de nouveau qu'il allait nous dénoncer, et ses camarades recommencèrent à caracoler de plus belle, en vociférant et jurant que nous sortirions du pays, qu'ils n'avaient pas besoin d'Américains, et qu'ils pouvaient chasser eux-mêmes leur gibier. Aza leva sa carabine, nous fîmes de même, et aussitôt toute la bande partit au galop; mais quand ils furent hors de portée, ils se remirent à crier comme des oies sauvages ; quelques-uns même déchargèrent sur nous leurs fusils rouillés. Nous ne pûmes nous empêcher de rire de ces impuissantes rodomontades : Aza seul ne riait pas.

« Je vous l'avais bien dit que ces créoles nous joueraient quelque mauvais tour.

— Bah! dis-je ; que nous importent leurs criailleries ?

— Si ce n'était que cela, répliqua Aza, je ne m'en inquiéterais guère ; mais ce sont les suites que je crains. Si ces misérables vont rapporter à leur commandant ou à leur gouverneur que nous nous sommes établis ici sans cérémonie, avant un mois nous aurons sur les bras une ou deux compagnies de fusiliers, et alors....

— Eh bien! s'ils viennent, il faudra leur tenir tête. Tu n'as pas oublié notre butte indienne ?

— J'y pensais, dit Aza.

— Ne pourrions-nous pas y construire un blockhaus capable de résister à un coup de main ?

— C'est fort bien, repartit Aza ; mais en avons-nous le droit, Nathan? C'est là ce qui me tourmente : le droit avant tout.

— Il y a longtemps, répondis-je, que j'ai réfléchi là-dessus, et je suis convaincu que nos droits sur ce pays-ci sont parfaitement légitimes.

— Pourrais-tu m'expliquer cela ?

— Très-volontiers. Le vieux Mississipi vient de notre pays, n'est-ce pas?

— C'est incontestable.

— Est-ce qu'il n'enlève pas, par-ci par-là, des morceaux de terre de vingt et quelquefois trente milles carrés, avec tous les arbres qui sont dessus, pour les charrier et les rejeter à quelques cinquante ou cent milles plus loin?

— Oui, certes, et j'en ai vu moi-même de terribles exemples. Le Mississipi enlève chaque année assez de terres pour faire un petit royaume, à ce que disent les gens de l'ancien monde.

— Eh bien! est-ce que la Louisiane tout entière n'est pas formée de terres ainsi rapportées?

— Je n'en sais trop rien, dit Aza un peu embarrassé. La chose est possible; mais je n'oserais l'affirmer.

— Mais au moins tu as entendu dire, et tu as vu de tes propres yeux, Aza, que cette Louisiane n'est autre chose qu'un terrain d'alluvion, qu'un dépôt de la vase du Mississipi, et cette vase vient de chez nous; c'est de la vase américaine, sur laquelle les Français et les Espagnols n'ont pas l'ombre d'un droit.

— Cela me paraît constant.

— Eh bien! cette vase, apportée par le Mississipi, à qui appartient-elle, si ce n'est à nous à qui le Mississipi l'a prise, à nous à qui appartient le

Mississipi? Nos droits sont donc légitimes : pour le moins aussi légitimes que ceux de ces Français et de ces Espagnols.

— Mais n'étaient-ils pas ici avant nous? dit Aza.

— Qu'est-ce que cela prouve? qu'ils sont les premiers et nous les derniers arrivés. Mais nous n'en aurons pas moins part au gâteau. Nous ne voulons pas leur prendre leurs droits, à ces Français et à ces Espagnols ; nous ne leur ferons pas tort d'une épingle.... Mais nous ne nous laisserons pas enlever les nôtres, Aza, et nous saurons les défendre[1].

— Mais, reprit Aza, nous ne sommes que six, et comment faire tête à une centaine d'assaillants?

— Six hommes résolus, derrière un bon retranchement, en valent soixante. Nous pouvons donc attendre les Espagnols de pied ferme. Aza, si nous nous laissions chasser d'ici, nous mériterions qu'on brisât nos carabines et qu'on nous fit porter en place des manches à balais.

— Aza, dit Rachel, je ne devrais peut-être pas le dire, mais mon frère Nathan vient de parler

---

[1]. Quelques années plus tard, lorsque la Louisiane fut annexée par achat aux États-Unis, un des plus grands hommes d'État de ce pays fit valoir ce même argument à la tribune, et avec un tel succès, qu'il fut encore reproduit lors de l'acquisition de la Floride. C'est un chapitre à ajouter au droit des gens.

comme un vrai fils de son père. Notre père se serait fait scalper dix fois par les Peaux-Rouges plutôt que d'abandonner une terre qui vous appartient si légitimement ; et, quant à moi, je suis bien résolue à ne plus remonter le Mississipi. »

« Aza hésitait encore : « Mais, répéta-t-il, je vous ai dit que vous alliez voir arriver au premier jour cent baïonnettes espagnoles.

— Eh bien ! répondit Rachel, nous nous enfermerons dans le blockhaus, et nous nous y défendrons. D'ailleurs, si nos amis de la rivière Salée, du Kentucky et du Cumberland apprennent que nous sommes attaqués par les Espagnols, ils viendront à notre secours.

— Il y a loin d'ici là, quinze cents milles au moins. Avant qu'ils soient informés de notre position, nos ossements blanchis pourront servir à faire des manches de couteaux. Ce n'est pas pour moi que je parle ; j'ai vu assez souvent et d'assez près le feu du canon.... Mais j'ai une femme et des enfants....

— Ne t'inquiète pas de ta femme et de tes enfants, s'écria Rachel, lorsqu'il s'agit de l'honneur et de la justice. Ta femme et tes enfants seraient montrés au doigt, si nous fuyions devant ces misérables, qui n'ont de courage que sur la langue. Encore si c'étaient des Indiens !... mais ils n'ont pas dans les veines une goutte du sang des Peaux-

Rouges.... Je le répète, je ne remonterai jamais le Mississipi ; j'en ai eu assez comme cela. Si tu veux partir, laisse-moi seulement une carabine, et je me défendrai dans notre blockhaus ; et si les Espagnols me tuent, au moins les gens de la rivière Salée diront : « Rachel était la digne fille de Hiram « Strong. »

« Ce discours eut un effet décisif, et Aza comprit enfin qu'on pouvait se défendre contre les Espagnols. Nous nous occupâmes sur-le-champ des préparatifs de résistance. Nous étions curieux aussi de savoir ce que diraient nos amis de la rivière Salée, lorsqu'ils apprendraient que c'étaient nous, expulsés par le shériff, qui avions les premiers planté dans la Louisiane le drapeau de l'Union. »

En prononçant ces paroles, Nathan s'arrêta et nous regarda fixement. Nous gardâmes le silence, et nous ne savions en effet que dire, tant nous étions étonnés du calme apparent, de la parfaite indifférence avec laquelle ce vieillard nous racontait une histoire de sang, dans laquelle il avait joué un des principaux rôles. Et puis ce backwoodsman qui, s'appuyant sur ses prétendus droits, déclarait tranquillement, lui sixième, la guerre à l'une des principales puissances du nouveau monde ! C'était à n'y rien comprendre. Si Nathan eût été un Européen, nous n'aurions pas hésité à le considérer comme fou. Et pourtant, (et ce n'était pas là, du reste, le moins étrange de l'affaire), il y avait des moments où cette agression contre les droits souverains d'un monarque allié par le sang à notre famille royale nous paraissait, à nous autres Français de la vieille école, une chose si naturelle, qu'oubliant en quelque sorte toutes nos idées préconçues pour nous identifier avec notre guide, nous attendions avec anxiété la suite de cette histoire. Cet intérêt profond que nous éprouvions n'était, en dernière analyse, que la conséquence naturelle de la position toute naturelle des Américains, de leur nouveauté, de leur fraîcheur, si je puis m'exprimer ainsi, de l'originalité de leur manière de penser, d'agir, de leurs croyances même ; et tant que cette fleur de jeunesse répandue sur leur caractère national, nous cachera les traces de l'égoïsme qui l'a malheureusement envahi, ils auront pour eux les sympathies de tous les esprits nobles et généreux.

V. Le blockhaus sanglant.

Nathan reprit son récit :

« Ayant donc résolu de maintenir et de défendre nos droits au prix de notre sang s'il le fallait, nous prîmes nos mesures en conséquence. Nous abattîmes un certain nombre d'arbres, de jeunes cyprès pour la plupart, nous les traînâmes jusqu'ici.

et après les avoir ébranchés, nous les dressâmes comme vous le voyez, et formâmes un carré de quarante pieds, au milieu duquel nous ébauchâmes une cheminée. Mais ce n'était pas tout. Aza, qui s'était battu à Brandywine, et qui était à côté de La Fayette lorsque ce général fut blessé, Aza, qui avait vu des palissades et qui savait par expérience tout le parti qu'on peut tirer de ce moyen de défense, nous fit couper et aiguiser des pieux ; nous les enfonçâmes profondément dans la terre et les assujettîmes encore à l'aide de branchages enlacés entre eux, en sorte qu'il eût été très-difficile de les arracher. Notre palissade solidement établie à cinq pas de distance de notre blockhaus, nous couvrîmes celui-ci de merrains, ou pour mieux dire de voliges de pin noir, coupé à un demi-mille d'ici. C'était une grande faute, car le pin noir, lorsqu'il a été exposé plusieurs jours à l'air, brûle comme des allumettes ; mais nous n'avions sous la main que des cyprès de six à sept pieds de diamètre, qu'il n'était pas facile de débiter, et nous étions d'ailleurs pressés par le temps.

« Nous posâmes donc nos chevrons, clouâmes dessus nos voliges et consolidâmes le tout de notre mieux ; nous achevâmes aussi notre cheminée, en sorte que nos femmes pussent, en cas de besoin, y faire la cuisine. Nous remplîmes d'eau nos barils à farine et à whisky, et nous transportâmes dans notre blockhaus nos outils, nos charrues, nos jambons, nos provisions, en un mot tout notre mobilier, à l'exception des objets les plus indispensables, que nous laissâmes dans nos cabanes. Nous avions calculé que les Espagnols n'arriveraient pas avant un mois ou deux, car nous savions qu'il n'y avait guère que deux cents hommes au fort de Natchitoches : or le commandant ne pouvait pas détacher contre nous la majeure partie de sa garnison, et il lui fallait six semaines pour faire venir des troupes du fort Mississipi. Nous travaillâmes donc jour et nuit, pour ainsi dire, et au bout d'un mois tout était terminé. Ce fut pour nous un grand soulagement d'esprit, de penser que nous étions en mesure de résister à ceux qui viendraient nous chercher querelle. Cependant Aza avait conservé un fond de tristesse ; plus d'une fois il me dit, en regardant le blockhaus : « Je suis sûr que quelqu'un de nous trouvera ici la mort, et ce quelqu'un je le connais ! — Silence, Aza ! lui disais-je ; à quoi bon se tourmenter de pareilles idées, lorsque nous avons besoin au contraire de fortifier nos cœurs contre le péril, et de nous préparer à la lutte ? » Et ce reproche paraissait calmer Aza, qui reprenait son travail interrompu. Nous faisions aussi des patrouilles à cheval jusqu'à une distance de dix milles, pour voir si les gens dont nous attendions la visite n'arrivaient pas. Nous montions la garde pendant la nuit; deux d'entre nous veillaient, se relevant alternativement : ainsi nous étions continuellement sur le qui-vive.

« Un beau matin, comme nous étions à travailler dans le bois, Jean accourut vers nous au galop. « Les voilà ! les voilà ! nous cria-t-il : ils sont au moins une centaine.

— Enfin ! s'écria Aza. Sont-ils encore loin ?

— Ils montent la prairie; ils peuvent être ici dans une demi-heure.

— Marchent-ils en ordre ? ont-ils une avant-garde ? une arrière-garde ?

— Ils s'avancent en une seule masse, répondit Jean.

— C'est bien, dit Aza. Ces gens-là n'entendent rien à la tactique, nous en aurons bon marché. Maintenant, vous autres femmes, laissez tout là, et en avant; nous couvrirons la retraite. »

« Jean galopa aussitôt vers le blockhaus, afin d'y devancer l'ennemi, dans le cas où celui-ci aurait eu vent de nos préparatifs de défense; heureusement il ne s'en doutait pas. Nos femmes se hâtèrent d'enlever tout ce qu'elles avaient laissé dans les cabanes, et c'était peu de chose, car nous ne nous chargeons guère de meubles inutiles. Nous les suivîmes, côtoyant la lisière de la forêt, et nous glissant avec précaution vers notre réduit. Jean avait ouvert la porte secrète et abaissé l'échelle. Nous entrâmes, après avoir chassé nos chevaux du côté du marais, avec des entraves aux pieds, afin qu'ils ne pussent pas s'éloigner : nous tirâmes ensuite l'échelle après nous et refermâmes la porte.

« Nous éprouvâmes, je dois le dire, une sensation assez étrange, lorsque nous nous trouvâmes claquemurés derrière notre palissade, ne pouvant voir ce qui se passait au dehors que par de petites ouvertures, tout juste assez grandes pour y introduire le canon d'une carabine. Cette espèce d'emprisonnement, si contraire et si antipathique à nos habitudes, nous causait une sorte de terreur. Nos langues semblaient enchaînées, et c'est à peine si nous échangions quelques mots à voix basse. Nos femmes dépecèrent quelques vieilles chemises, étendirent de la graisse sur ces morceaux de linge, et préparèrent des emplâtres et des bandages pour les blessés, tandis que nous ajustions des pierres neuves à nos carabines, et que nous aiguisions nos haches et nos couteaux; mais tous ces préparatifs se faisaient en silence.

« Une heure s'était ainsi passée, lorsque nous entendîmes du bruit, des cris, quelques coups de fusil, et nous finîmes par apercevoir, à travers les interstices de nos palissades, les soldats espagnols courant çà et là sur la petite éminence près de laquelle étaient nos cabanes. Tout à coup nous pâlîmes. Une colonne de fumée s'élève, puis une seconde, et bientôt une troisième. « Le ciel ait pitié de nous! dit Rachel ; les voilà qui brûlent nos maisons, les misérables! »

« Mettez-vous un instant à notre place : supposez qu'après plusieurs mois de pénibles travaux, vous soyez parvenus à construire une hutte pour vous abriter, vous, votre femme et vos pauvres enfants, et qu'alors quelque démon incarné vienne y mettre le feu sous vos yeux et la brûler comme on brûle le chaume dans un champ; eh bien! si vous pouvez vous défendre de grincer des dents, si vos poings crispés ne se ferment pas convulsivement, il faut que vous soyez plus ou moins qu'un homme! Quant à nous, la colère nous étouffait.

« Les brigands! les lâches! reprit Rachel, que leur a fait notre pauvre maison?

— Silence! femme, dit Aza : ce n'est point le moment de se lamenter; plus tard, il sera temps.... peut-être!

— Que la volonté de Dieu soit faite! » dit Rachel.

« Elle prit donc sa Bible et se mettait en devoir de lire, lorsque Aza reprit : « Ce n'est pas non plus le moment de prier, mais celui d'agir : laisse là ton livre, Rachel. » Et Rachel posa son livre par terre, et après nous être assurés que tout était en ordre autour de nous, nous contemplâmes, appuyés sur nos fusils, nos cabanes qui brûlaient. Nous nous livrions aux sombres pensées qu'un pareil spectacle était fait pour inspirer, lorsque nous vîmes déboucher d'entre ces deux pointes de la forêt (et en disant ces mots, il me montrait une petite plaine qui ressemblait, éclairée par la lune, à un golfe entre deux promontoires, une masse confuse : c'étaient les Espagnols.

« Ils couraient de tous côtés dans un tel désordre, que nous jugeâmes qu'ils faisaient peu de cas de nous, sans quoi ils se seraient comportés différemment. Cependant, lorsqu'ils furent arrivés à environ cinq cents pas de notre blockaus, ils se formèrent en espèce d'ordre de bataille, et nous pûmes alors compter quatre-vingt-deux fusiliers et trois officiers à cheval, qui mirent pied à terre, ainsi que sept autres individus, également à cheval, qui accompagnaient ce détachement. Nous reconnûmes parmi ces derniers trois des créoles qui nous avaient dénoncés : les autres étaient de ces soi-disant Acadiens ou Canadiens, avec les compatriotes desquels nous avions déjà fait connaissance sur le haut Mississipi : bons chasseurs, ma foi, mais sauvages, ivrognes et braillards. M'est avis que ce furent ces drôles-là qui servirent de guides aux Espagnols, car ils marchaient en avant de la troupe. Lorsqu'ils aperçurent notre blockhaus et notre palissade, ils poussèrent un grand cri et parurent fort surpris de voir que nous étions disposés à les recevoir. Après s'être arrêtés un instant, ils se replièrent sur le corps principal, et firent sans doute leur rapport aux officiers, car toute la troupe s'ébranla, les chefs en tête, et les Acadiens sur les flancs; mais ceux-ci se tenaient à une certaine distance et disparurent bientôt derrière les cotonniers.

« Lorsque Aza vit cette manœuvre, il me dit tout bas que ces gens étaient les plus dangereux, parce qu'ils avaient l'œil sûr et la main exercée. « Ne les perds pas de vue, ajouta-t-il; quant aux autres, je m'en inquiète peu. » Cependant les Espagnols, qui avançaient toujours, furent bientôt à portée de fusil.

— Tirerons-nous? demanda Jean.

— Gardons-nous-en bien, répondit Aza : nous nous défendrons; mais attendons qu'on nous attaque. Nous serons alors doublement dans notre droit, et que leur sang retombe sur leurs têtes! »

« Quand nos ennemis eurent reconnu qu'il leur fallait commencer par enlever la palissade, ils firent halte, et les officiers tinrent conseil entre eux. Le capitaine fit alors deux ou trois pas en avant, et cria : *Messieurs les Américains!*

— Que voulez-vous? » répondit Aza à travers une des fentes de la palissade.

« Le capitaine tira de sa poche un mouchoir sale, qu'il éleva, en guise de drapeau blanc, sur la pointe de son épée; puis, après avoir adressé en riant quelques mots à ses officiers, il s'avança, suivi par sa troupe.

« Halte-là! cria de nouveau Aza; ceci n'est pas dans les usages de la guerre. Si l'officier veut parlementer, qu'il approche; mais si la troupe fait un pas de plus, nous tirons. »

« Ces paroles, prononcées d'un ton ferme, donnèrent sans doute à penser au capitaine, qui n'avait pas imaginé que nous pussions songer sérieusement à nous défendre. « Arrêtez! cria-t-il; ne tirez pas avant que je vous aie parlé.

— En ce cas, dépêchez-vous, dit Aza. Si vous avez quelque chose à nous dire, vous auriez dû commencer par là, au lieu de brûler nos maisons, comme des incendiaires. »

« Aza parlait encore, lorsque deux coups de feu partirent de la forêt : on avait vu briller sa carabine à travers les interstices de la palissade, et on avait tiré dans cette direction. Les deux traîtres se rejetèrent vivement derrière des arbres et prêtèrent l'oreille, dans l'espoir d'entendre quelque cri plaintif; mais au moment où ils avançaient la tête, nous tirâmes en même temps, Jean et moi : l'instant d'après nous les vîmes tomber pour ne plus se relever; c'étaient les deux créoles avec qui nous avions fait marché pour les chevaux.

« Quand les Espagnols entendirent ces détonations successives, car la pointe du bois les empêchait de voir ce qui se passait de l'autre côté, l'officier rétrograda précipitamment et cria à ses hommes :

« En avant! » Les soldats se mirent alors à courir comme des fous; puis, comme s'ils nous eussent pris pour des oies sauvages, que le bruit suffit pour effrayer, ils firent une décharge générale sur le blockhaus. « A notre tour, maintenant! dit Aza. Je me charge du capitaine. Toi, Nathan, ajuste le lieutenant; Jean, l'autre officier; Jacques, le sergent. Vous avez bien entendu? Il ne faut pas tirer à deux sur le même : ménageons nos balles. » Les Espagnols étaient encore à soixante pas de nous; mais nous ne manquions pas un écureuil à cent cinquante. Nous fîmes feu, et chaque coup abattit son homme : le capitaine, le lieutenant, le troisième officier, le sergent et encore un autre. La confusion la plus complète se mit aussitôt dans la troupe, qui se débanda et s'éparpilla de tous côtés. La plupart s'enfuirent vers la forêt; douze à quinze seulement s'empressèrent autour de leurs officiers, espérant peut-être qu'ils n'étaient que blessés. Mais nous ne nous endormions pas, et sans attendre les ordres d'Aza, qui nous dit à voix basse de recharger, nos balles étaient déjà dans nos carabines, et nous leur lâchâmes un second feu de peloton. Il en tomba encore une demi-douzaine, et ceux qui restaient debout, abandonnant leurs camarades morts, se sauvèrent comme si le diable eût été derrière eux.

« Nous nous hâtâmes d'essuyer et de recharger

nos carabines, prévoyant bien que plus tard nous n'en aurions pas le temps, et sachant d'ailleurs que notre sort pouvait dépendre d'un coup perdu, puis nous commençâmes à faire des conjectures sur les mouvements futurs de nos adversaires. Leurs officiers étaient hors de combat, et déjà les corbeaux tournoyaient autour de leurs cadavres; mais il restait encore cinq Acadiens, et c'étaient ceux-là que nous redoutions le plus. Comme nous étions aux aguets, observant ce qui se passait du côté de la forêt, Jean me fit un signe et m'indiqua du doigt la lisière du bois, là-bas, à l'endroit où commencent les broussailles : j'appelai sur ce même point l'attention d'Aza, qui achevait alors de recharger son arme. Un certain nombre d'individus se glissaient avec précaution entre les broussailles, se dirigeant vers notre blockhaus. Nous distinguâmes en tête deux Acadiens; ils étaient suivis par une vingtaine de fusiliers. « Nathan, et toi, Jean, dit vivement Aza, chargez-vous de ces deux gaillards-là ; nous recevrons les autres comme ils se présenteront. » Ainsi fut fait. Nous tirâmes : les deux Acadiens et quatre Espagnols tombèrent; mais un troisième Acadien que nous n'avions pas aperçu, parce qu'il se trouvait masqué par un des fusiliers, se redressa tout à coup en s'écriant : « Vite, vite ! suivez-moi, nous serons dans le bois avant qu'ils aient eu le temps de recharger. Tout n'est pas encore fini. » Et ils se mirent à courir vers la forêt aussi vite que leurs jambes pouvaient les emporter; mais nous étions furieux de voir que ce misérable Acadien nous avait échappé.

« Il en restait encore trois : c'était plus qu'il n'en fallait. Ils se mirent à la tête des Espagnols, qui avaient appris à leurs dépens que leurs officiers n'entendaient rien à ce genre de guerre. Notre position n'était donc guère meilleure. Nos ennemis étaient encore au moins dix contre un. Nous ne perdîmes pas courage, néanmoins; bien au contraire; mais le service était rude, car il nous fallait diviser notre attention et nos forces, pour faire face à des adversaires plus rusés que ceux dont nous nous étions débarrassés. Ils se tenaient embusqués derrière les arbres, et dès qu'ils pouvaient apercevoir l'un de nous à travers les trouées et les déchirures que les balles avaient faites dans notre palissade, deux ou trois coups de feu nous arrivaient en même temps. De notre côté, nous profitions de toutes les occasions qui se présentaient, et nous abattîmes encore de cette manière cinq ou six fusiliers. Cependant, nous commencions à nous lasser d'attendre. Tout à coup des craquements se font entendre parmi les voliges de pin noir qui formaient, comme je vous l'ai dit, la toiture du blockhaus, et en portant nos regards de ce côté, nous pûmes voir des flammes qui s'en échappaient. Les Espagnols avaient mis des bourres d'étoupe dans leurs fusils, et une de ces bourres avait pris feu. Ils n'eurent pas plutôt remarqué ce commencement d'incendie, qu'ils poussèrent de grands cris : « Mettons ordre à cela sur-le-champ, dit Aza, sans quoi nous sommes tous grillés. Il faut qu'un de nous monte par la cheminée avec un seau d'eau, et éteigne le feu.

— J'y vais, dit Jean.

— Non, reprit Aza, j'irai moi-même. Reste en bas, l'un vaut l'autre. »

« Vous voyez maintenant cette enceinte vide et désolée, poursuivit Nathan; mais à l'époque dont je vous parle, elle était encombrée de nos effets et de nos provisions. Aza prend donc une table, la place dans le foyer, pose une chaise dessus, et Rachel lui tend un seau d'eau. Il se hisse dans la cheminée à l'aide des crochets en fer que nous y avions fixés pour suspendre nos jambons, et tire le seau après lui. On entendait toujours les clameurs furibondes des Espagnols, dont la joie sauvage semblait grandir avec notre danger. Il était vraiment temps d'arrêter les progrès du feu. Aza, parvenu au haut de la cheminée, élève son seau au-dessus de sa tête, et en verse le contenu sur le toit :

« A gauche, plus à gauche! lui crie Jean : c'est là que le feu est le plus vif.

— Au diable la gauche! répond Aza; je suis obligé d'aller à peu près au hasard. Mais donnez-moi un autre seau. »

« Nous lui tendons un second seau; il passe la tête hors de la cheminée, pour voir l'endroit qu'on lui désignait, et épanche rapidement son eau. Mais au même instant nous entendons siffler une douzaine de balles : les Espagnols l'avaient aperçu! Il se fit un grand bruit dans la cheminée; les jambons et les quartiers de venaison dégringolèrent pêle-mêle, et après eux Aza, couvert de sang.

« Aza! au nom du ciel! Aza! tu es blessé! s'écria Rachel.

— Paix, femme! dit Aza. Mes jours sont maintenant comptés. Défendez-vous, mes amis, et surtout qu'on ne tire pas à deux sur le même. Ménagez vos munitions : vous en aurez besoin.

— Aza! mon cher Aza! répéta cette pauvre Rachel; si tu meurs, je ne veux pas te survivre.

— Silence! folle que tu es! tu oublies qu'il te reste un Aza, et que tu en portes un autre dans ton sein. Silence, dis-je! n'entendez-vous pas les Espagnols? Défendez-vous, amis, et protégez ma femme et mon enfant. Nathan, tu leur serviras de père! Promets-le-moi.... »

« Mais je n'eus pas le temps de faire cette promesse au malheureux Aza, ni même la consolation de lui serrer la main, car nos ennemis, devinant sans doute ce qui était arrivé, se ruaient comme des diables incarnés contre notre retranchement. Une vingtaine environ accouraient d'un côté de la forêt, et une trentaine de l'autre.

« Silence! m'écriai-je; silence! Jean, viens par ici avec moi! Et toi, Rachel, voici le moment de montrer que tu es la fille de Hiram Strong et la femme d'Aza. Tu chargeras sa carabine, à mesure que je tirerai.

— O mon Aza! mon cher Aza! s'écria Rachel; il se meurt! Ils l'ont tué, les démons! » Et elle se cramponnait convulsivement au corps de son époux mourant, dont les mains affaiblies ne pouvaient la détacher de lui.

« Je me serais volontiers fâché contre elle, mais l'ennemi ne m'en laissa pas le loisir. Une bande d'Espagnols armés de fusils et de haches, et ayant à leur tête un des Acadiens, arrivait justement de mon côté. J'abattis l'Acadien; mais un autre (c'était le sixième et l'avant-dernier) s'élança à sa place.

« Rachel! m'écriai-je, à moi la carabine! au nom du ciel, la carabine! Une balle en ce moment-ci vaut peut-être notre blockhaus et notre existence à tous. »

« Mais pas de Rachel! L'Acadien et ses gens, supposant, par l'interruption de notre feu, que nous n'avions pas rechargé, ou que nos munitions étaient épuisées, se précipitèrent à l'assaut avec des cris et des rires féroces. Une demi-douzaine d'entre eux, s'aidant les uns les autres, parvinrent jusqu'au sommet de la butte, et, toujours dirigés par ce maudit Acadien, commencèrent à attaquer notre palissade à coups de hache. S'il y avait eu là trois hommes comme lui, c'était fait de nous; car notre forteresse était, dans le même moment, assaillie du côté opposé par une douzaine d'individus sous la conduite du septième Acadien, de sorte que nous n'avions aucune chance de retraite. Mais, ou ces Espagnols n'avaient pas le bras assez vigoureux, ou bien le sort était contre eux : ils avaient beau s'acharner contre notre clôture en bois; leur besogne n'avançait pas. Cependant, au moment où Jean, qui avait rechargé, venait d'en abattre encore un, l'Acadien parvint à arracher un des pieux qui formaient la palissade; comment il s'y prit, c'est ce que je ne saurais vous dire, ne l'ayant jamais su jusqu'à ce jour il faut qu'il se soit trouvé à l'extérieur quelque branche en saillie qui lui ait donné prise; quoi qu'il en soit, il arracha, comme je le disais, un des pieux, et, l'élevant comme un bouclier, il le lança de toute sa force contre moi. La violence du choc m'ayant fait reculer, il profita de ce mouvement pour sauter dans notre retranchement. Je crus que nous étions perdus. Jean renversa, à la vérité, d'un coup de crosse de carabine sur la tête, le premier Espagnol qui se présenta, et expédia le second d'un coup de coutelas; mais ce damné Acadien était à lui seul capable de nous faire un mauvais parti. Cependant, un coup part, presque à nos côtés; je le vois chanceler, et mon jeune garçon, Dieudonné, accourt, tenant à la main la carabine d'Aza, encore fumante. Il l'avait ramassée, voyant que Rachel était absorbée dans sa douleur; il l'avait ramassée, le brave enfant, il l'avait chargée, et c'était lui qui venait de tuer l'Acadien. Je saisis alors ma hache, et me jetai au milieu des Espagnols, frappant à coups redoublés, et pendant tout ce temps m'escrimant avec mon couteau, que je tenais de la main gauche. Ce fut, pendant un quart d'heure, une véritable boucherie. Nos ennemis continuaient de se défendre, parce qu'ils n'avaient pas vu tomber leur chef; mais ils étaient tellement maltraités qu'il fallut bien lâcher pied ; seulement, ils ne savaient trop comment s'y prendre pour redescendre l'escarpement. Enfin, ils se jetèrent bravement du haut en bas, et se mirent à courir, c'est-à-dire ceux qui n'étaient pas trop éclopés et nous eûmes quelque trêve de ce côté. Nous réparâmes, Jean et moi, la brèche faite dans notre palissade, et je dis à Dieudonné : « Reste là, mon garçon, et aie l'œil sur les Espagnols. » Puis je courus de l'autre côté du blockhaus, où était engagée une lutte acharnée.

« Il y avait là trois de nos gens, avec les femmes qui les secondaient vaillamment, armées d'épieux, de barres de fer et de haches. Les assaillants en avaient blessé plusieurs à travers les palissades, et leur sang coulait en abondance. Mais Rachel, dédaignant le péril et ne songeant qu'à venger son mari, saisissait les baïonnettes, et, à l'aide de ses compagnons, arrachait les fusils des mains des soldats espagnols. Au milieu de ces luttes plusieurs fois renouvelées, la palissade ébranlée finit par céder, et ceux des Espagnols qui se trouvaient au premier rang, poussés par ceux qui venaient derrière eux, s'étaient jetés dans notre retranchement le sabre à la main. Ce fut justement à ce moment critique que nous arrivâmes. Un de ces enragés se précipita sur moi, et sans mon couteau j'étais perdu, car je ne pouvais faire usage de ma hache; mais je lui administrai d'abord un coup de poing qui l'étourdit, puis je l'achevai d'un coup de coutelas. Je m'élançai alors en avant, et saisissant des mains de Rachel un fusil espagnol (vous saurez que la crosse du fusil espagnol est plus lourde que celle de nos carabines, et je ne me souciais guère de me servir de la mienne, de peur de la casser), je me mis à distribuer, de droite et de gauche, de terribles horions sur les têtes de ces gentilshommes à face olivâtre. En même temps je criai aux femmes qu'elles nous gênaient, et qu'elles feraient bien mieux de se retirer dans le blockhaus et de recharger nos armes, car il restait encore un Acadien, et il fallait nous en défaire à tout prix. Elles suivirent mes instructions, et ayant ramassé nos carabines, elles commencèrent, tandis que nous défendions l'entrée de notre palissade, à faire feu sur les Espagnols ; il en tomba trois ou quatre, et par bonheur l'Acadien était du nombre. A cette vue, le reste de cette canaille, qui n'a de courage pour attaquer que quand elle voit un chef à sa tête, se sauva en hurlant je ne sais combien de *dios!* de *caraco!* et de *malditos gojos!* »

.... Le vieillard s'arrêta pour reprendre haleine, car il s'était animé au souvenir de ses anciens exploits et avait mis dans cette partie de son récit une chaleur qui ne lui était pas habituelle. Après une pause d'un instant, il reprit :

« Oui, cette demi-heure ou cette heure, car je n'ai aucune idée du temps qui s'écoula, fut courte et longue ; courte à vous raconter, mais cruellement longue pour nous autres, je vous l'assure. Ce n'est pas une petite besogne, croyez-moi, que d'avoir à se défendre contre une centaine de soldats espagnols, que d'avoir à combattre non-seulement pour sa propre vie, mais pour la conservation des siens, pour sa famille et ses enfants. Nous étions tellement épuisés de fatigue, que nous nous laissâmes tomber par terre, au milieu du sang qui ruisselait de toutes parts. Dix-sept Espagnols et deux Acadiens, morts et mourants, étaient étendus dans l'intérieur de notre retranchement. Nous étions, nous-mêmes, tous plus ou moins blessés : j'avais reçu plusieurs coups de sabre et de baïonnette, d'autres avaient été atteints de coups de feu, qui, sans être pour la plupart bien dangereux, présentaient néanmoins une certaine gravité. Nous nous jetâmes donc, çà et là, par terre, comme des buffles blessés qui, n'ayant pas la force de se traîner plus loin, veulent au moins mourir en paix. Ah ! si les Espagnols avaient alors songé à revenir à la charge, ils auraient eu bon marché de nous ; car pendant l'action, tant que le sang coule de vos blessures, vous ne vous apercevez pas de l'affaiblissement de vos forces ; mais après le combat, quand l'excitation du moment est passée, la circulation semble s'arrêter, vos membres engourdis se roidissent et vous n'êtes plus bon à rien.

« Nous en étions réduits là. Mais ce fut alors que nous vîmes ce dont nos femmes étaient capables. Nous avions fait notre devoir, c'était maintenant leur tour. Elles apportèrent des linges et des bandages ; Rachel, qui s'entend un peu en chirurgie, s'arma de pinces et de ciseaux, procéda à l'extraction des balles, et pansa toutes nos blessures. Les autres allumèrent du feu et préparèrent de la soupe, car nous n'avions pas le cœur à manger autre chose; puis elles nous enlevèrent du milieu de cette mare de sang et nous transportèrent dans le blockhaus, où elles nous déposèrent doucement sur des matelas d'herbes sèches. Comme nous étions à gémir sur nos lits de douleur : « Père, me dit le petit Dieudonné, faut-il recharger nos carabines?

— Oui, mon pauvre garçon, lui répondis-je; charge-les, car je n'en ai pas la force; je ne peux pas même lever la tête. » J'avais en effet une large blessure au cou.

« Et les fusils des Espagnols? demanda l'enfant.

— Charge-les aussi, charge-les tous, quoique leurs canons soient d'un calibre trop fort pour nos balles; mais c'est égal, charge toujours. Cependant mon garçon, puisque les Espagnols ont abandonné leurs fusils, m'est avis que leurs cartouchières, comme ils les appellent, ne doivent pas être loin. Tu comprends bien ce que je veux dire, n'est-ce pas?... » Et mon brave garçon chargea nos carabines et les mousquets espagnols, chacun avec ses cartouches, puis il les rangea en ligne, six carabines et une douzaine de fusils; et il me sembla alors que nous pouvions essayer de prendre un peu de repos. Les femmes nous engagèrent à dormir tranquillement; elles se chargeaient de veiller et faire sentinelle pendant notre sommeil. Elles reslèrent effectivement sur pied toute la nuit, se relevant alternativement pour le guet; mais rien ne bougea. On n'entendait d'autre bruit que les cris des vautours et des aigles à tête blanche, qui voltigeaient au-dessus de notre champ de bataille. Dieudonné resta debout avec les femmes, nous donnant à manger, et rajustant nos bandages lorsqu'ils se dérangeaient par suite des mouvements que nous faisions dans notre sommeil inquiet. C'est ainsi que nous passâmes la nuit.

« Le lendemain, à la pointe du jour, Jonas, qui était le moins endommagé de nous tous, résolut d'aller à la découverte avec Dieudonné, et de tâcher d'avoir quelques nouvelles de l'ennemi. Ils sortirent donc ensemble, et trouvèrent, non loin de notre blockhaus, une vingtaine d'Espagnols, les uns morts, d'autres mourants, quelques autres légèrement blessés; ces derniers suppliaient qu'on leur donnât un peu d'eau pour l'amour de Dieu. Jonas leur promit qu'il allait leur envoyer à boire, mais à la condition qu'ils lui diraient d'abord si leurs camarades étaient encore dans le voisinage, ou s'ils étaient partis. « Ils sont partis, répondirent-ils, ils sont partis, les lâches, et nous ont abandonnés ici; oui, oui, ils sont bien partis[1]! »

---

1. L'expédition d'Aza Nollins et le siège qu'il soutint contre les forces de Sa Majesté Catholique, ne sont pas une fiction. Ce dernier fait est consigné dans les journaux de l'époque, et notamment dans le

« Jonas n'était pas encore bien convaincu que tout fût fini. Cependant il appela une des femmes et lui dit d'apporter de la soupe et de l'eau; et de donner à boire et à manger à ces malheureux.

« Qu'ils meurent, les chiens !... s'écria Rachel. Ce sont eux qui ont tué mon mari.

— Rachel, lui dis-je, ce n'est pas là un sentiment chrétien, et ce n'est pas parler comme la fille de ton père. Si tu étais étendue par terre, blessée et souffrante comme nous, tu tiendrais sans doute un autre langage.

— Tu as raison, Nathan, répondit-elle ; que Dieu me pardonne mes mauvaises pensées ! Va, Jonas, porte-leur des rafraîchissements et vois combien ils sont. »

« Jonas prit donc un seau d'eau et un baquet de soupe, avec des cuillers et des écuelles, et distribua ces premiers secours à ces pauvres diables, qui s'étaient battus contre nous sans savoir pourquoi; il leur dit qu'aussitôt qu'ils seraient en état de marcher on les recevrait dans le blockhaus, où leurs blessures seraient pansées.

« Mais ce n'était pas chose facile ; car la butte, comme vous pouvez le voir, a bien trente pieds de

---

Moniteur de la Louisiane, organe officiel du gouvernement. Plusieurs ouvrages contemporains en font également mention, et il existe encore aujourd'hui parmi les planteurs des vieillards qui en ont parfaitement conservé le souvenir.

haut, et faire gravir cet escarpement à des gens qui pouvaient à peine se traîner, était une tâche au-dessus des forces de nos femmes; quant à nous, affaiblis par nos souffrances et par la perte de notre sang, nous n'étions pas en état de nous tenir sur nos jambes. Pour surcroît d'embarras, le blockhaus était encombré d'objets de toute espèce, et l'intérieur de la palissade jonché de cadavres, de sorte que ma sœur Rachel fut obligée de descendre elle-même et d'aller panser ces Espagnols sur place.

« Ce qui nous embarrassait le plus, c'étaient les morts. Rachel avait vu les oiseaux de proie et les animaux carnassiers qui rôdaient autour des cadavres. Nous entendions les cris de ces bêtes affamées, et il était pénible pour nous de penser que des chrétiens, au lieu d'être déposés dans le sein de la terre, allaient devenir leur pâture.

« Rachel, dis-je, nous ne pouvons pas rendre la vie aux morts, mais nous pouvons au moins leur donner la sépulture. Vous savez, vous autres femmes, manier la bêche et la pelle. Allez donc, creusez une grande fosse, et Jonas y jettera les cadavres. »

« C'est ce qui fut fait; et il était temps, car déjà ces maudites bêtes commençaient leur affreuse curée. Jonas eut soin de mettre de côté l'argent, les montres, les bijoux qu'il trouva sur les morts;

les officiers avaient entre eux une cinquantaine de doublons, le reste environ cent dollars. Il leur laissa leurs vêtements et ne prit que les armes, les espèces, les objets de prix, en un mot, ce qui était légitime butin; il ramassa aussi près de cinquante mousquets. Il jeta trente et un cadavres dans cette fosse que vous voyez là-bas, au pied de la colline. Quatre Espagnols, morts le lendemain, sont enterrés de l'autre côté. Quant aux blessés, ils étaient en petit nombre; car nos carabines ne blessent guère, elles tuent presque toujours.

« Nos femmes avaient été occupées la plus grande partie de la journée à creuser la fosse; le soir, elles se mirent en devoir d'amener au blockhaus les sept blessés qui restaient. Elles parvinrent à les mettre sur leur séant, puis les hissèrent, à grand'peine et à l'aide de cordes, jusque dans l'intérieur de notre palissade, d'où l'on avait enlevé les morts. Après avoir accompli cette œuvre de charité, nous nous sentîmes l'esprit soulagé d'un grand poids, et nous dormîmes d'un sommeil paisible. Le lendemain, nos femmes ne manquèrent pas de besogne, ayant à soigner tous les blessés : notre blockhaus était un véritable hôpital. Parmi ceux dont les blessures étaient les moins graves, se trouvaient les deux Acadiens. Ils avaient l'air d'assez bons diables, et ne cessaient de se lamenter; ils avaient été, disaient-ils, forcés à marcher contre nous; ils en éprouvaient un grand regret, et n'oublieraient jamais ce que nous venions de faire pour eux. Nous leur répondîmes que nous étions fâchés aussi de les avoir eus pour adversaires ; mais qu'ayant fait leur connaissance, nous espérions que nous serions à l'avenir bons amis ; car les amitiés les plus durables, dit le proverbe, sont celles du champ de bataille.

« Le troisième jour, nous nous trouvions un peu mieux, et je pus me lever, quoique avec beaucoup de peine. J'appelai Rachel et les autres femmes, et je leur dis : « Notre position n'est pas des plus gaies, je crois même qu'elle n'est pas tenable. Voilà nos habitations brûlées, et nous ne sommes pas nous-mêmes en état de nous tenir debout. M'est avis que nous devrions nous consulter sur ce qu'il convient de faire.

—Nous avons fait, dit Jonas, la seule chose que nous eussions à faire. Il n'y a pas un backwoodsman qui, à notre place, n'eût agi comme nous.

— Tu as raison, lui répondis-je, cent fois raison. Nous avons fait ce que nous devions faire, tout ce qu'il était en notre pouvoir de faire. Aussi ne s'agit-il plus maintenant de ce qui est fait, mais de ce qu'il nous reste à faire.

—Le Seigneur, dit Rachel, a permis que nous fussions cruellement éprouvés. Il a vu tout ce qui s'est passé, et nous devons nous soumettre à ce qu'il lui plaira de nous envoyer. Ne vous tourmentez donc pas, ajouta-t-elle en s'adressant à moi. Il sera temps de tenir conseil lorsque vous serez rétabli.

—Mais, repris-je, il faut pourtant rendre les derniers devoirs à ce pauvre Aza. Son corps, recouvert de hardes, avait été déposé dans ce même coin où il est maintenant inhumé.

—Aza! mon cher Aza! s'écria Rachel; et elle éclata de nouveau en sanglots et en gémissements: Aza reposera là où il est tombé; il reposera dans le blockhaus qu'il a construit; et ce blockhaus, nous l'appellerons, en mémoire de lui, *le blockhaus sanglant!*

— Eh quoi! Rachel! lui dis-je, veux-tu donc que nous creusions ici sa fosse?

— Pas à présent, Nathan. Nous déposerons provisoirement ses restes en dehors du blockhaus; mais quand nous partirons, nous les y rapporterons, comme cela doit être.

— Ainsi, repris-je, ton intention est de quitter ce blockhaus?

— Il le faut bien, répondit-elle. Il n'y a pas ici de place pour trois familles.

— Mais où irons-nous?

— Où nous irons? répéta Rachel d'un air étonné. Et où irions-nous, si ce n'est là d'où nous venons?» Et elle indiqua du geste la prairie et les ruines de nos habitations.

« Retourner là-bas? m'écriai-je à mon tour. Tu oublies, Rachel, que nous en avons été chassés déjà, et que les Espagnols ont maintenant bien plus de motifs qu'ils n'en avaient pour nous persécuter. Ils reviendront en plus grand nombre, et trouveront leur chemin plus facilement que la première fois.

— Dussent-ils revenir au nombre de dix mille, reprit-elle avec chaleur, je ne quitterai pas cette terre, qui s'est abreuvée du sang de mon époux. Pars donc, si tel est ton désir : quant à moi, je reste ici. Aza a payé cette terre de son sang, et je la garderai !

— C'est parler en enfant, lui dis-je, tu sais bien que je ne t'abandonnerai point. Mais si les Espagnols....

— C'est toi, interrompit Rachel, qui parles en ce moment comme un enfant. Nous sommes dans la main de Dieu : le coup qui nous a frappés, il faut le supporter avec résignation ; et quant aux Espagnols, si jamais ils reviennent, puisse le Seigneur nous venir en aide, comme il a fait aux trois jeunes hommes dans la fournaise ardente ! Si les États n'étaient qu'à la distance d'un jet de pierre d'ici, ou seulement de l'autre côté de la rivière Rouge, nous pourrions nous y retirer jusqu'à ce que tes blessures soient guéries, mais puisqu'il n'en est pas ainsi, il faut attendre la volonté de

Dieu, et rester tranquilles jusqu'à ce que tu sois rétabli. Mais je ne consentirai jamais à quitter le pays. »

« Nous connaissions trop bien Rachel et la fermeté de son caractère, pour douter un instant qu'elle ne fît comme elle le disait : il ne nous restait donc qu'à attendre patiemment notre convalescence. Au bout d'un mois nous avions à peu près recouvré nos forces, et avec nos forces nous avions repris courage ; cependant nous ne pouvions encore ni manier une hache ni nous servir d'une carabine.

VI. La colonie.

Un beau matin, nous sortîmes de ce blockhaus, qui avait failli devenir notre tombeau, et nous nous traînâmes, appuyés sur nos béquilles, vers la colline où étaient les ruines de nos habitations. Les toitures avaient été complétement détruites par le feu : il ne restait debout que les murs ou plutôt les pans latéraux, construits en cyprès, bois qui ne brûle pas facilement.

Tandis que nous contemplions en silence ce triste spectacle, et que nous réfléchissions aux moyens de réparer ces cabanes, car le blockhaus était vraiment insuffisant pour nous loger tous, Jean, qui a des yeux d'aigle, aperçut tout à coup, à une très-grande distance, deux individus qui paraissaient se diriger de notre côté : « Je gagerais ma carabine, dit-il après les avoir observés pendant quelque temps, que ce sont des Kentuckiens, ou tout au moins des gens de l'ouest. Je reconnais cela à la fermeté de leurs pas, à la vivacité de leur allure. » Là-dessus je vous laisse à juger de notre impatience et combien nos cœurs palpitèrent à l'idée de revoir ces honnêtes et joyeux visages du Kentucky : quand on est à seize cent milles de sa famille et de ses connaissances, je crois en vérité que le diable lui-même, s'il arrivait de votre pays, serait bienvenu.

« Jean ne s'était pas trompé : c'étaient bien, en effet, des gens de l'ouest, et nous pûmes bientôt distinguer leurs jaquettes de chasse. A cette vue, nous éprouvâmes d'étranges sensations; nous ne savions si nous devions sauter ou pleurer de joie, car la maladie nous avait affaiblis au moral autant qu'au physique; on était alors à la fin de décembre, et l'habitude d'être enveloppés dans nos bandages nous avait rendus sensibles à la vivacité de l'air; nous avions endossé nos vestes de peau de daim, par-dessus lesquelles nous avions encore jeté des couvertures, de sorte que nous ne ressemblions pas mal à de grands enfants emmaillottés : Rachel elle-même, qui n'a pas naturellement mauvaise mine, avait l'air d'une vieille Indienne.

« Lorsque les deux étrangers ne furent plus qu'à

une centaine de pas de nous, ils nous examinèrent d'un air de surprise, puis se regardèrent l'un l'autre en hochant la tête comme des gens désappointés : ils posèrent ensuite leurs carabines sur leur bras, et continuèrent d'avancer. Arrivés enfin à portée de la voix : « Voilà une matinée un peu fraîche ! nous cria l'un d'eux.

— Grand Dieu ! s'écrie Rachel, les larmes aux yeux, c'est George, le frère de mon cher Aza ! Ah ! George, cher frère, faut-il que vous arriviez dans un pareil moment ! »

«George qui n'avait pas d'abord reconnu Rachel, affublée comme elle l'était, la reconnut de suite à sa voix : « Eh quoi ! dit-il, c'est vous, Rachel, ma chère belle-sœur ! Que la bénédiction de Dieu soit sur vous et les vôtres ! Comment vous portez-vous ? et comment va mon frère Aza ? est-il à la chasse aux ours, ou serait-il resté par hasard à la maison ?

— O George ! répondit-elle, pourquoi me demandez-vous des nouvelles d'Aza, de mon cher Aza ? Que le Seigneur soit avec lui, il repose en paix.

— Je ne vous comprends pas, ma sœur, » reprit George.

« Rachel fondit en larmes, et répéta : « O George ! votre frère, mon cher Aza, repose maintenant en paix. »

« Et, en voyant la douleur de sa sœur, George comprit toute l'étendue de son malheur.

« Que la volonté de Dieu soit faite ! dit-il après une pause de quelques moments. J'aurais donné de grand cœur tout ce que je possède pour que cela ne fût pas arrivé. Nous avions bien entendu parler de votre affaire avec les Espagnols, il n'est question que de cela dans tout le pays ; mais nous étions loin de penser que votre glorieuse résistance vous eût coûté si cher. »

« George et Dan, son compagnon, avec quelques autres braves, tous des bords de la rivière Salée, avaient descendu l'Ohio et le Mississipi, avec une petite cargaison de lard, de blé, de farine et d'autres denrées, qu'ils comptaient vendre à la Nouvelle-Orléans. Ils se proposaient en même temps d'examiner le pays, et de nous faire visite, s'ils ne passaient pas trop loin de nous. Arrivés devant Natchez, ils avaient été obligés de s'arrêter pour faire réparer une de leurs gaffes, et c'est alors que le forgeron leur avait conté, tout en faisant sa besogne, l'engagement qu'un certain Aza Nollins avait eu avec les Espagnols, quelque part dans le sud-ouest. George écouta sans mot dire, et recueillit avec soin tous les bruits qui couraient à ce sujet. Cela lui fut facile, car dans les tavernes et dans tous les lieux publics on ne s'entretenait pas d'autre chose. On racontait l'affaire avec une foule de détails plus ou moins merveilleux. On ajoutait qu'en apprenant cette nouvelle, le gouverneur de la province, qui se trouvait alors au lit, s'était élancé dans la rue, sans autre vêtement que sa chemise. Le pauvre homme se figurait, dans sa terreur, que nous descendions déjà le Mississipi pour assiéger la Nouvelle-Orléans. Mais lorsqu'il vit que nous n'arrivions pas, il jeta feu et flammes, brandit son grand sabre, et jura par tous les saints de son pays qu'il nous ferait tous pendre, rôtir et exterminer.

« On conseilla donc à George de ne pas aller à la Nouvelle-Orléans, dans un moment où les Espagnols étaient si courroucés contre les Américains; et quoique George se souciât fort peu des Espagnols et de leur courroux, il était incertain sur ce qu'il devait faire, lorsqu'un brave planteur de Natchez lui donna le conseil de monter à cheval et d'aller droit à notre établissement. Il lui représenta qu'Aza Nollins avait dû trouver de fameuses terres, car il ne se serait pas battu comme un démon avec les Espagnols pour la possession d'un terrain qui n'en aurait pas valu la peine. Il ajouta qu'il connaissait lui-même un peu le pays, qu'il savait qu'il y avait par là des terres excellentes pour la culture du coton et de la canne à sucre, et que s'ils se décidaient à tenter la fortune, il était disposé à prendre part à leur expédition, tellement il était persuadé qu'il y avait quelque chose à faire de ce côté.

« George et ses amis, ayant tenu conseil, reconnurent que c'était en effet ce qu'ils avaient de mieux à faire. Leur nouvel associé leur procura, en échange d'une partie de leurs marchandises, tout ce qui était nécessaire pour commencer leur établissement. D'autres planteurs, apprenant qu'ils étaient dans l'intention de s'établir dans la Louisiane, voulurent aussi prendre un intérêt dans cette spéculation. Ils se rembarquèrent donc avec tous leurs outils et ustensiles, remontèrent la rivière Rouge, et à l'aide des renseignements qu'ils avaient obtenus sur la situation de notre blockhaus, suivirent le même chemin que nous avions pris en arrivant dans le pays, retrouvèrent les traces de notre passage, et parvinrent heureusement à nous rejoindre.

« Leur arrivée, comme vous pouvez le penser, fut pour nous un grand sujet de réjouissance. Jonas leur fit voir tous les environs, et ils examinèrent la terre avec soin. Quand ils furent de retour au blockhaus, où nous les avions précédés, et que nous leur eûmes raconté les choses comme elles s'étaient passées :

« Vous vous êtes tous conduits comme de braves Kentuckiens, dit George ; et maintenant que vous voilà maîtres du champ de bataille, j'ai une proposition à vous faire, si toutefois cela vous convient ; c'est d'amener ici ma famille, et de venir me fixer auprès de vous.

—Comment! si cela nous convient! s'écria Rachel transportée de joie. Est-ce ainsi que doit parler un parent comme vous, le frère d'Aza?

—Je parle comme je pense, belle-sœur, répliqua George, et ce que je dis, j'ai l'intention de le faire. Ces terres n'étaient à personne ; elles sont à vous aujourd'hui, vous les avez payées de votre sang, et par conséquent il faut, avant de venir s'y installer, commencer par vous en demander la permission. Je vous amènerai donc si vous voulez bien le permettre, ma femme et mon enfant, et avec eux une douzaine de braves gaillards ; car vous n'avez pas trop de monde ici, à ce que je vois.

« En attendant, je vous laisserai quatre de mes compagnons de voyage, ou plutôt tous les six. Vous les connaissez tous, eux ou leurs familles ; ce sont d'honnêtes gens, de vrais enfants du Kentucky ; ils vous aideront à relever vos habitations, en sorte que nos femmes trouvent en arrivant un toit pour s'abriter. »

« Tout fut bientôt arrangé. George et Dan passèrent la nuit avec nous et repartirent à la pointe du jour pour le bayou. De là ils gagnèrent la rivière Rouge, puis le Mississipi, qu'ils traversèrent, et, abandonnant leur barque, ils remontèrent à pied jusqu'à Natchez. Là, leur ami le planteur leur procura une couple de chevaux à l'aide desquels ils se dirigèrent vers le Kentucky, par le territoire de Choctaw et de Cherokee.

« Arrivés à la rivière Salée, ils convoquèrent leurs voisins et connaissances, et leur firent part de tout ce qu'ils avaient vu et appris. A cette nouvelle, nos amis se levèrent en masse, et, s'étant réunis en assemblée publique, votèrent des remercîments à Aza Nollins; ils déclarèrent en même temps que les Kentuckiens ne devaient pas rester oisifs, tandis que leurs compatriotes étaient aux prises avec les étrangers; mais qu'il fallait les aider par tous les moyens possibles à faire valoir leurs droits et à se maintenir en possession des excellentes terres qu'ils avaient conquises. Un comité fut chargé de mettre ces résolutions à exécution, et aussitôt une quinzaine de jeunes gens se présentèrent pour faire partie de l'expédition. La plupart se marièrent avec des filles du pays, et, s'embarquant avec leurs jeunes femmes, descendirent le Mississipi, et arrivèrent à notre établissement juste cinq mois après le départ de George.

« Ce fut alors que la besogne commença sérieusement. Nous nous mîmes à défricher les terres, à abattre des arbres, à tracer des routes, à élever des habitations. On n'entendait de tous côtés que des coups de hache. Mais ce n'était encore là que le commencement. Ces premiers émigrants furent bientôt suivis de trente autres familles d'aussi braves et honnêtes gens que le vieux Kentucky ait jamais produits; elles amenaient avec elles du bétail, des chevaux, des provisions et tout ce qui s'ensuit, et, ce qui valait tout le reste, de bons ouvriers, notamment des charpentiers.

« Les deux Acadiens vinrent aussi s'établir avec leurs familles dans notre voisinage; ils aimaient mieux, disaient-ils, vivre avec nous qu'avec les créoles, cette race d'orgueilleux fainéants. Cependant nous n'étions que médiocrement flattés de cette préférence, et lorsque nous vîmes qu'un assez bon nombre de leurs compatriotes se disposaient à suivre leur exemple, nous prîmes des mesures pour arrêter cette immigration. Ce n'est pas que ces Français soient au fond de méchantes gens; au contraire, ils sont bons chasseurs, dehors nuit et jour, et donnent leur gibier presque pour rien. Ils vous laisseront le plus bel ours pour un gallon de whisky, tandis que s'ils se donnaient seulement la peine de porter la patte au marché, ils pourraient en avoir un tonneau tout entier. Mais ils avaient un vice abominable à nos yeux : c'était leur rage de danse. Il leur était impossible, disaient-ils, de s'en passer. Le dimanche surtout, on aurait dit qu'ils avaient le feu sous la plante des pieds. C'était un grand scandale pour nous autres chrétiens de voir tous ces écervelés, jeunes et vieux, sautant et cabriolant à qui mieux

mieux, et nous prévîmes que nous aurions de la peine à leur faire entendre raison sur ce chapitre.

« Au bout de quelque temps, nous nous réunîmes en assemblée et nous décidâmes que la danse ne serait pas interdite et que chacun serait libre de faire usage de ses jambes comme bon lui semblerait; mais il fut défendu, sous peine d'une amende de cinq dollars, de jouer d'aucun instrument pour faire danser. Cette défense n'était pas du tout du goût de mes Français; aussi refusèrent-ils de s'y conformer : mais nous leur dîmes que s'ils voulaient jouir des avantages de notre communauté, il fallait qu'ils se soumissent à ses règlements et aux restrictions établies dans l'intérêt général. Ce raisonnement si simple les étonna à un tel point qu'ils en furent d'abord tout interdits. Enfin ils répondirent que nous n'étions ni le syndic, ni le commandant, ni le gouverneur, et que, par conséquent, nous n'avions pas le droit de faire des lois; qu'ils ne reconnaissaient pas notre autorité, attendu que c'était une autorité constituée d'elle-même et non par la grâce de Dieu, car ces pauvres gens se figurent que leurs chefs tiennent leur autorité du Tout-Puissant!... A ces beaux arguments nous ne nous donnâmes pas même la peine de répliquer, parce que ce n'étaient pas des Américains, mais des Français. Cependant, leur conduite étant devenue intolérable, nous les expulsâmes de la colonie et leur défendîmes de franchir notre ligne de démarcation.

« Cet état de choses dura six mois environ, puis la plupart de ces familles finirent par s'éloigner du voisinage : il en resta seulement quelques-unes, et entre autres les Acadiens. Ceux-ci venaient souvent regarder nos travaux, et enfin ils nous supplièrent de les recevoir de nouveau dans notre communauté et de les admettre à la jouissance des routes que nous avions établies et des scieries que nous avions commencé à construire. Nous tînmes conseil et leur accordâmes ce qu'ils demandaient, à la seule condition qu'ils renonceraient à la danse et se conduiraient, les dimanches, comme des êtres raisonnables. Cette condition fut acceptée et tenue, et ces mêmes Acadiens sont, à l'heure où je vous parle, de bons et respectables citoyens, quoique, après tout, ce ne soient pas des Américains.

—Mais, lui demandai-je alors, que dit de tout cela le gouvernement espagnol?

—Ce que dit le gouvernement espagnol? répondit le vieillard en haussant les épaules, je n'en sais rien et ne m'en inquiète guère. Tout ce que je puis vous dire, c'est qu'il fit beaucoup de bruit dans les journaux et se plaignit de ce qu'il appelait notre violation du droit des gens. Des Espagnols invoquant le droit des gens! eux qui s'en soucient, en Amérique, à peu près comme le diable se soucie du Nouveau Testament, c'était vraiment risible. Aussi ne tînmes-nous aucun compte de leurs plaintes. Ils cherchèrent à nous susciter des embarras, à nous troubler dans notre possession ; mais nous étions déjà trop forts pour eux. Enfin, en désespoir de cause, ils s'adressèrent au gouvernement central, à Philadelphie. C'était jouer dans nos cartes, et le vieux John, tout tory qu'il est, se serait bien gardé de faire un affront à des citoyens qui avaient fait, dans l'intérêt de l'Union, ce que nous avions fait.... Mais ne soulevons pas cette question, ajouta-t-il en passant la main sur son front. Je vous ai dit l'histoire du *blockhaus sanglant* et raconté les commencements de notre colonie. Vous savez maintenant où vous êtes, et vous voyez que, tout pauvres que nous paraissons, nous ne sommes pas gens à avoir peur de qui que ce soit ou de quoi que ce soit. Que cela vous suffise pour le moment. Plus tard, quand nous aurons mangé le sel ensemble, vous pourrez en savoir davantage. »

C'est ainsi que nous fîmes la connaissance du vieux Nathan. Il y avait, sous les formes rudes et l'enveloppe grossière de ce républicain en jaquette de cuir, qui jetait un défi au gouvernement espagnol et s'établissait sans façon, avec quelques centaines de ses compatriotes, au milieu d'un pays ennemi, quelque chose d'étrange et de mystérieux qui piquait vivement notre curiosité. Ce singulier mélange de bon sens pratique et d'ignorance, de sensibilité et d'indifférence, d'astuce et de simplicité, de roideur et de souplesse de caractère, confondait entièrement nos idées. Nous essayâmes vainement de lui adresser quelques questions : aussi jaloux de ses secrets qu'adroit à sonder les pensées d'autrui, il demeura impénétrable.

Je ne raconterai pas en détail nos travaux de défrichement. Nous fûmes contraints, plus d'une fois, de recourir à l'expérience de nos voisins, et il nous arriva souvent de regretter les douceurs de la vie civilisée. Lassalle fut le premier à se dégoûter du métier de planteur, et à quitter l'habitation Berthaud pour aller habiter New-York, où il se donna au commerce, qui lui réussit parfaitement. J'étais plus jeune, et moins facile à rebuter; ou plutôt je m'obstinai à mener à bien cette entreprise qui, à travers tant d'ennuis et de fatigues, avait pour moi une nouveauté, un imprévu, qui triomphaient de mon indolence ordinaire. Pendant cinq ans, je fus transformé en colon américain, prenant des mesures, levant des plans, consultant les ingénieurs, étudiant la nature du terrain, surveillant le travail de *mes nègres*. Enfin l'habitation prit une bonne tournure; et quand le travail ne fut plus écrasant, il commença à me paraître insupportable. Cette grande fièvre d'activité tomba tout à coup, et je ne sentis plus que mon isolement.

Pendant ce temps-là, la Louisiane avait changé deux fois de maîtres. D'espagnole, elle était devenue française en 1800. En 1803, elle devint, de française américaine. Bonaparte la vendit pour quatre-vingts millions aux États-Unis. Les nouvelles relations qui s'établirent alors entre New-York et les bords de la rivière Rouge et du Mississipi, firent naître en moi la tentation de visiter le monde civilisé et de céder aux instances de Lassalle. Quelques pensées de mariage traversèrent aussi mon esprit; et au fait, je ne pouvais rien faire de mieux, dans la situation où je me trouvais, que de me marier, si je trouvais une femme qui voulût partager ma solitude.

Je réalisai donc mes fonds, et me mis à chercher un gérant. Un M. Bleaks vint m'offrir ses services en cette qualité, et je l'acceptai un peu légèrement. Ma fortune me paraissait désormais assise sur des bases inébranlables, et j'étais si émerveillé de ma création, que je crus de bonne foi donner une sinécure à mon régisseur.

Je partis dans ces belles dispositions pour New-York. Ce que j'y fis n'intéresserait guère le lecteur. J'y courus les sociétés; je devins un yankee, et, qui plus est, un *aristocrate* américain. Le grand monde de New-York voulut bien me traiter comme un de ses enfants, ce qui ne m'empêcha pas au bout de huit mois de me sentir désenchanté, et de reprendre tristement le chemin de mon désert.

III.

LA FAMILLE.

I. Un voyage sur la rivière Rouge.

Ce fut par une belle et chaude matinée de juin que je m'embarquai, avec mon fidèle Baptiste, sur le bateau à vapeur de la rivière Rouge. Le soleil, resplendissant au milieu de l'azur foncé du firmament, dardait ses feux avec une force inaccoutumée : on ne sentait pas un souffle d'air ; mais les grandes eaux du Mississipi semblaient exhaler une fraîcheur agréable. Je fis, de la main, un dernier signe d'adieu à Lassalle et à sa femme, qui m'avaient accompagné jusqu'au lieu d'embarquement, puis je descendis dans le salon.

J'étais d'assez mauvaise humeur. Pourquoi le nier ? Je venais de subir à New-York un petit échec matrimonial, et le tableau de bonheur domestique que m'avait offert pendant deux mois la maison de Lassalle, n'avait pas contribué à me réconcilier au célibat ; c'était donc avec un médiocre plaisir que je songeais à mon retour sur mon habitation solitaire, où je n'allais trouver que des esclaves, des mercenaires, qui m'accueilleraient avec une froide indifférence, sinon avec un mécontentement mal déguisé. Je traversai le salon du bateau, d'un air assez maussade, sans même regarder les personnes qui s'y trouvaient, et je m'appuyai sur le bord de la fenêtre ouverte. J'étais depuis quelques minutes dans cette attitude, en proie à de sombres préoccupations, lorsqu'une voix amicale me dit à l'oreille :

Qu'est-ce qu'il y a donc, monsieur de Vignerolles? Êtes-vous indisposé? Allons, venez[1].

Je me retournai. Celui qui m'adressait la parole était un homme d'un certain âge, à l'air respectable; mais ses traits m'étaient complétement inconnus, et je le regardai fixement, un peu étonné de ce ton familier et de la connaissance qu'il avait de mon nom. J'étais en ce moment, ainsi que je l'ai dit, dans une disposition peu sociable; et, après une légère inclination de tête, j'allais tourner le dos au vieux monsieur, lorsqu'il me prit par la main et m'entraîna doucement vers le salon des dames :

Allons, venez, monsieur de Vignerolles.

— *Mais que voulez-vous donc?* dis-je assez sèchement à l'indiscret étranger.

— *Faire votre connaissance*, répondit-il avec un

---

[1]. Les phrases en italique sont en français dans l'original.

sourire plein de bienveillance, au moment même où il ouvrait la porte de l'appartement des dames. « Monsieur de Vignerolles! » dit-il, en entrant, à deux jeunes filles qui étaient occupées à attacher à l'un des piliers de la chambre un paquet d'ananas et de bananes, comme on suspend ailleurs des chapelets d'oignons : *Mes filles, voici notre voisin, monsieur de Vignerolles.*

Les jeunes personnes s'avancèrent gracieusement vers moi, me firent un accueil aussi cordial que si j'eusse été une vieille connaissance, et s'empressèrent de m'offrir quelques-uns de leurs fruits odorants et savoureux. Je fus réellement enchanté de leurs manières, qui contrastaient si agréablement avec celles des Américaines, et retrouvant des compatriotes sur cette terre lointaine, je ne me sentis pas le courage de résister à cette aimable invitation. Je m'assis, et le babil plein de charmes des créoles ne tarda pas à dissiper entièrement mon humeur noire. Une heure s'écoula rapidement ainsi, et il en eût été de même d'une seconde et peut-être d'une troisième, si mes idées un peu sauvages en matière d'étiquette ne m'eussent fait craindre que la prolongation de ma visite ne fût considérée comme un manque d'usage.

« Vous reviendrez prendre le thé avec nous? » me dirent les jeunes demoiselles au moment où je sortais du salon.

Je les saluai en signe d'assentiment, et, à parler franchement, j'eus lieu, lorsque je fus remonté sur le pont, de me féliciter d'avoir pris cet engagement. La société n'y était rien moins que choisie : c'étaient des conducteurs et des marchands de bestiaux qui se rendaient de la Nouvelle-Orléans dans les contrées du nord-ouest, des commerçants d'Alexandria et des environs, des chasseurs et des *trappers* à demi sauvages, qui se dirigeaient vers le pays au delà de Nacogdoches, avec la louable intention de civiliser ou, en d'autres termes, de voler les Indiens. Il y avait là un étrange assemblage de grosses bottes, de voix rauques, de poings durs et calleux : tous ces gens s'agitaient sur le pont, chiquant, fumant, et expectorant avec autant de vigueur et de précision que si leurs gosiers eussent été des carabines.

Nous arrivions en vue d'une large masse de feuillage ; c'était l'embouchure de la rivière Rouge, au-dessus de laquelle les grands arbres qui s'inclinent de l'une et l'autre rive semblent vouloir former une voûte de verdure. Quel contraste avec le Mississipi, qui coule large, puissant et majestueux, semblable à quelque conquérant barbare qui se précipite à la tête de ses hordes pour inonder le monde ! La rivière Rouge, que nous avons l'habitude d'appeler le Nil de la Louisiane (à peu près comme ce savetier du Massachusets, qui avait baptisé son fils Alexandre-César-Napoléon), se glisse sans bruit, comme un serpent venimeux, à travers les hautes herbes des prairies et sous l'ombre des forêts : le nom de Cocyte lui conviendrait infiniment mieux. Nous voici à l'entrée du vaste marécage formé par la jonction du Tensaw et des rivières Rouge et Blanche : on le prendrait, au premier aspect, pour un grand miroir d'une consistance solide, ou bien encore pour une prairie d'un vert brillant, parsemée d'arbres, d'où pendent en longs festons des lianes enduites d'un limon visqueux. Mais, en l'examinant avec plus d'attention, on voit s'agiter doucement les lis d'eau aux larges feuilles d'un vert foncé, parmi lesquels apparaissent çà et là certaines mâchoires d'un brun sale, d'où sortent des sons qui n'ont rien d'harmonieux pour les oreilles d'un étranger : ce sont des milliers d'alligators qui s'ébattent dans leur vase native. Nous étions au temps du rut, et leurs mugissements étaient vraiment hideux à entendre.

Nous continuâmes à remonter le cours de la rivière Rouge, et nous avions déjà parcouru une distance assez considérable, lorsque le vieux créole vint m'inviter à descendre pour le thé. Nous trouvâmes une de ses filles occupée à lire le roman de Bernardin de Saint-Pierre, ce livre favori des femmes créoles; l'autre faisait la causerie avec une suivante à la peau d'ébène et aux dents d'ivoire, à qui elle témoignait une familiarité qui eût donné des attaques de nerfs à une élégante de New-York. Elles venaient de quitter, à ce que me dit leur père, le couvent des Ursulines de la Nouvelle-Orléans, où elles avaient été élevées. Il est peu présumable qu'elles eussent appris des saintes sœurs le secret de ce regard assuré et scrutateur avec lequel j'observai parfois qu'elles m'examinaient. L'aînée paraissait avoir environ dix-neuf ans, avec une légère tendance à l'embonpoint. Il y avait vraiment quelque chose d'amusant dans l'aplomb et la parfaite aisance avec lesquels elle inspectait ma personne dans une glace suspendue en face de nous, comme si elle eût pris à tâche de chercher à me déconcerter.

Il faudrait un livre entier pour faire l'énumération de tous les bagages et objets divers dont mes nouveaux amis avaient encombré le salon. Ils en étaient heureusement les seuls occupants et pouvaient en disposer à leur gré; sans cela, une guerre civile eût été inévitable. Les demoiselles avaient, rien qu'en citrons, oranges, bananes et ananas, de quoi charger un bateau; quant au papa, je comptai, parmi ses approvisionnements, au moins trois douzaines de caisses de chambertin, de laffitte et de médoc. Je le pris d'abord pour un négociant en vins; dans tous les cas, le choix de ces liquides salutaires et recherchés, de préférence à notre infâme genièvre, à notre odieux whisky, ces produits équivoques dont on empoisonne mes compatriotes, était une preuve de son bon goût.

On versa le thé. M. Menou (c'était le nom de mon nouvel ami) paraissait disposé à sacrifier ce modeste breuvage au chambertin : je voulus cumuler les deux jouissances. Les jeunes personnes furent aussi gaies et aussi aimables qu'il était possible de le désirer : c'étaient vraiment deux charmantes filles, pétillantes d'esprit et de vivacité, avec des yeux brillants et de douces voix qui auraient amolli le cœur du misanthrope le plus renforcé; mais il est des moments dans la vie où l'esprit, affaissé sous une sorte de calme plat, semblable à celui qui suit un ouragan des Antilles au mois d'août, perdant tout ressort et toute énergie, ne prend plus d'intérêt à rien. Je me trouvais dans un de ces moments. Je n'avais nullement consulté mon inclination lorsque j'avais quitté le toit hospitalier de mon ami Lassalle pour retourner sur mon habitation, que je n'avais pas vue depuis longtemps, où je ne devais trouver aucune société, et où il faudrait m'occuper de travaux et d'affaires pour lesquels je ne me sentais aucun goût. Si j'eusse ramené avec moi, ainsi que je l'avais espéré pendant mon séjour à New-York, une tendre épouse, qui eût animé ma solitude, partagé mes joies et mes chagrins, je n'aurais sans doute pas éprouvé cette répugnance involontaire à revoir ma plantation du désert; mais, dans l'état des choses, j'étais accablé par un profond sentiment d'isolement, qui paralysait toutes mes facultés et me rendait complétement incapable de me maintenir au diapason de la joyeuse société au milieu de laquelle m'avait jeté le hasard. J'essayai, mais vainement, de secouer ce poids qui m'oppressait; et renonçant enfin à des efforts inutiles, je sortis du salon et montai sur le pont.

La nuit était belle; les étoiles brillaient au firmament et l'atmosphère était parfaitement claire, à l'exception d'un léger brouillard blanchâtre qui s'élevait de la rivière. On eût dit que les coups sourds du piston de la machine étaient répétés par de lointains échos; c'étaient les mugissements des crocodiles, qui, dans le silence de la nuit, parvenaient encore jusqu'à nous. Du reste, il n'y avait pas signe de vie sur le bord de la rivière; c'était un désert: aussi loin que la vue pouvait s'étendre, on n'apercevait pas une seule lumière; seulement des milliers de mouches à feu, s'agitant dans l'espace, jetaient sur les arbres et les buissons une espèce de crépuscule magique. Quelquefois nous rasions le rivage de si près qu'on pouvait entendre le frottement des branchages contre le flanc du bateau. Nous marchions rapidement : encore douze heures et je serai chez moi, pensai-je. En ce moment, le capitaine vint à moi et me dit que la tourbe bruyante des fumeurs et des buveurs commençait à s'endormir, et que, si je me sentais moi-même disposé à me livrer au sommeil, j'avais maintenant quelque chance de repos. C'était ce que j'avais de mieux à faire ; je descendis donc, et m'installai dans mon cadre.

Quand je m'éveillai, le lendemain matin, je trouvai que la brise s'était élevée pendant la nuit, et que nous avancions vivement, à la voile en même temps qu'à la vapeur. La première personne que je rencontrai fut M. Menou. Il me souhaita le bonjour d'un ton qui me parut un peu plus froid que celui qu'il avait jusqu'alors employé à mon égard; et, fixant sur moi son œil scrutateur, il semblait vouloir lire dans mes traits si je répondrais encore à ses avances avec cette roideur un peu brutale que je lui avais montrée la veille. Eh bien! je fis de mon mieux pour effacer la mauvaise impression que je paraissais avoir produite. Ces créoles, après tout, sont de braves gens ; et, malgré la dose d'originalité qu'ils doivent à leurs relations avec les indigènes, ils me rappellent la patrie. La réserve et la timidité ne sont pas leurs vertus distinctives, j'en conviens; mais encore préférai-je la légèreté de leur caractère et la liberté de leurs manières aux formes prétentieuses et à l'esprit sournois des yankees. Je leur passerai même leur ridicule passion pour la danse, passion que les premiers émigrants ne purent surmonter, au milieu de tous les embarras de leur établissement en Amérique ; et certes ce devait être une chose passablement bouffonne de les voir faire leurs cabrioles, danser leurs menuets et leurs gavottes avec des couvertures pour habits de bal et des peaux de bêtes pour escarpins !

Tandis que je causais avec les Menou et que je faisais de mon mieux pour me rendre agréable, la cloche sonna, on lâcha la vapeur, et nous nous arrêtâmes pour prendre du combustible.

Monsieur, voilà votre terre! dit le père, montrant de la main le rivage, sur lequel était empilée une grande quantité de bois. Je regardai par la fenêtre du salon : le créole avait raison. Mon temps avait été si bien occupé avec les jeunes personnes, que les heures avaient passé comme des minutes : il était déjà midi. Pendant mon absence, mon gérant avait établi un dépôt de bois pour les bateaux à vapeur. Jusque-là rien à dire. Et justement j'aperçois là-bas ce digne M. Bleaks en personne. Cependant le créole semble disposé à m'accompagner jusque chez moi. Je ne puis pas l'en empêcher, si telle est sa fantaisie, mais j'espère bien sincèrement qu'il ne poussera pas la politesse aussi loin. Une pareille visite n'a rien de bien flatteur pour un homme qui a été des années absent de chez lui; car, de tous les dieux, il n'en est pas de plus négligents que les lares et les pénates d'un garçon.

« Monsieur Bleaks, » dis-je en m'avançant vers mon gérant, qui, avec son chapeau de paille, sa chemise de guernsey et son pantalon de calicot, se promenait en long et en large, les mains dans ses poches et un cigare à la bouche, et paraissait s'inquiéter fort peu de son maître; « Monsieur Bleaks, voulez-vous avoir l'obligeance de faire mettre à terre mon tilbury et mon bagage?

— Ah! monsieur de Vignerolles, dit l'homme, vous voilà? Je ne vous attendais pas sitôt.

— J'espère n'en être pas moins le bienvenu, répliquai-je un peu choqué de cet échantillon de véritable sécheresse pensylvanienne.

— Vous n'êtes pas seul, n'est-ce pas? reprit Bleaks en m'examinant en même temps du coin de l'œil. Je pensais que vous nous auriez amené une douzaine de noirs; nous en avons grand besoin.

— *Est-il permis, monsieur?* interrompit ici le créole, me prenant la main, et m'indiquant la maison d'un geste significatif.

— Et le bateau? répondis-je en traînant la voix et sans bouger de place.

— Le bateau attendra, » répliqua Menou en souriant.

Que pouvais-je faire? Il n'y avait pas d'autre parti

à prendre que de me diriger avec lui vers la maison, quelque désagréable que fût pour moi une pareille corvée, vu l'état actuel de mon habitation. C'était un triste spectacle, l'abomination de la désolation. Tout avait l'air tellement délabré, tellement en ruine, que mon cœur se serra malgré moi à cette vue. De la haie, qui entourait le jardin, il ne restait debout que quelques pieux; le jardin lui-même avait été envahi par cinq ou six pourceaux aux formes étiques, qui fouillaient bravement la terre et achevaient de déraciner le peu de plantes qui restaient encore. Et la maison! miséricorde! pas une vitre entière aux fenêtres! tous les châssis bouchés à l'aide de vieux chiffons ou bourrés de paquets de feuilles de maïs! Je ne pouvais m'attendre à trouver des bosquets d'orangers et de citronniers : je n'en avais pas planté. Mais trouver les choses en cet état! c'était vraiment trop fort. Il n'y a pas de tableau qui n'ait ses ombres; mais ici le tableau était tout ombre, sans un seul point lumineux. Nous avançâmes, sans rencontrer âme qui vive, à travers les troncs d'arbres renversés et à demi pourris qui obstruaient à chaque pas le chemin. Enfin, en approchant de la maison, nous nous heurtâmes contre un trio de petits monstres noirs qui se roulaient dans la boue avec les chiens; ils n'avaient qu'un lambeau de chemise sur le corps, et ils étaient aussi sales que peuvent l'être, entre toutes les créatures, les enfants des hommes. A notre vue, ces quadrupèdes, car il était permis de les prendre pour tels, sautèrent sur leurs pieds, nous regardèrent en roulant de gros yeux, puis coururent se cacher derrière la maison. « Ah! vous voilà, ma vieille Sibylle? » Debout devant un chaudron suspendu, à la façon des gypsies, au moyen de trois bâtons disposés en triangle, elle ressemblait, à s'y méprendre, à la caricature de l'une des sorcières de Macbeth. Elle aussi nous regarda d'un air hébété, mais sans bouger. Je vais être obligé, je crois, de décliner mon nom. Mais elle m'a reconnu, et la voilà qui accourt à moi, son énorme cuiller à la main et en pleurant de joie. Il y a donc, enfin, une créature qui me revoit avec plaisir! mais elle observe d'un œil inquiet son chaudron et trois poêles dans lesquelles elle fricassait des tranches de jambon et des morceaux de buffle séché; il est évident qu'elle est fort en peine de savoir si elle doit m'abandonner à mon sort ou laisser sa cuisine à la merci de la Providence. Elle appelle et crie à s'égosiller, mais personne ne lui répond.

« *Et les chambres*, s'écria-t-elle, *et la maison! et tout, tout!* » Je ne comprenais pas ce qu'elle voulait dire : elle regarda mon compagnon d'un air fort embarrassé.

« *Mais, mon Dieu! pourrais-je seulement un moment? Tenez-la*, massa! » continua-t-elle en donnant à sa voix rauque un ton suppliant; et en même temps elle me tendait la cuiller en faisant le geste de remuer quelque chose, puis elle montrait la maison.

« *Que diable as-tu?* » m'écriai-je, impatienté de cette pantomime inintelligible.

Les chambres, me répondit-elle, avaient besoin d'être aérées et balayées; elles n'étaient pas en état de recevoir un étranger. Elle ne demandait qu'un quart d'heure pour mettre tout en ordre, et peut-être, en attendant, aurais-je la bonté, pour l'honneur de la maison, de tourner la soupe et d'avoir l'œil sur la viande.

Vouant intérieurement la vieille négresse à toutes les divinités infernales, je m'acheminai vers la maison. Une seule réflexion me consolait; c'est qu'il était probable que l'habitation de mon compagnon n'était guère en meilleur état que la mienne: peut-être même, après tout, n'était-elle pas en aussi bonne condition; car ces créoles d'au-dessus d'Alexandria vivent encore, pour la plupart, comme des espèces de Peaux-Rouges. M. Menou ne parut pas du tout surpris du désordre qui régnait dans mon établissement. En entrant dans le parloir, nous trouvâmes, au lieu de canapés et de chaises, une quantité de graines de coton du Mexique, disposée en plusieurs tas sur le parquet; dans un coin était une couverture en lambeaux, dans un autre un baquet de blanchisseuse. C'était encore pis dans les autres pièces : un des nègres s'était installé dans ma chambre à coucher, d'où le moustiquaire avait disparu, probablement pour passer en la possession de l'aimable Mme Bleaks. Je me détournai avec dégoût de ce spectacle de dilapidation, et je sortis dans la cour, pouvant à peine maîtriser mon indignation.

« *Mais tout cela est bien charmant!* » s'écria le créole.

Je le regardai. Rien dans sa figure n'indiquait qu'il voulût se moquer de moi : je ne pus cependant me persuader qu'il parlât sérieusement, et je secouai la tête, car je n'étais pas d'humeur à plaisanter. Mais mon original, passant tranquillement son bras dans le mien, m'entraîna du côté des cases de mes nègres et de mes plantations de coton. Mes terres étaient d'excellente qualité, et malgré le peu de soin donné aux cultures, telles étaient la fertilité et la richesse naturelles du sol, que mes plants étaient déjà presque à hauteur d'homme, quoique nous ne fussions encore qu'au mois de juin. Le créole promena ses regards de tous côtés d'un air connaisseur, et à son tour secoua la tête. Au même instant la cloche du bateau à vapeur se fit entendre : c'était le signal du départ.

Dieu soit loué ! pensai-je.

« *Monsieur*, dit Menou, votre plantation *est très-charmante, mais ce mistère Bleak* n'est bon à rien, et vous, vous êtes *trop gentilhomme.* »

J'avalai, au risque d'étouffer, ce compliment équivoque.

« *Écoutez*, poursuivit mon compagnon, vous allez venir avec moi.

— Aller avec vous! répétai-je suffoqué d'étonnement. Cet homme est fou, pensai-je, de me faire une pareille proposition, lorsqu'il y a à peine dix minutes que je suis chez moi.

— *Oui, oui, monsieur*, vous allez venir avec moi. J'ai des communications très-importantes à vous faire.

— *Mais, monsieur*, répliquai-je un peu sèchement, j'ignore ce que vous pouvez avoir à me communiquer, et j'ai lieu d'être surpris d'une proposition aussi étrange....

— De la part d'un étranger, interrompit le créole en souriant, c'est possible ; mais je parle sérieusement, monsieur de Vignerolles, et au milieu de ces yankees, un créole de la Louisiane n'est pas tout à fait un étranger pour un émigrant français. Vous êtes venu ici sans prendre les précautions nécessaires, indispensables : c'est à peine si votre maison est prête pour vous recevoir ; il règne en ce moment des fièvres dangereuses ; en un mot, je vous le répète, ce que vous avez de mieux à faire, c'est de venir avec moi. »

Cette insistance, ce ton d'autorité amical bouleversaient toutes mes idées.

« Eh bien, dit-il, oui ou non? »

J'hésitai un instant, ne sachant que répondre ni que résoudre. « J'accepte votre offre, » m'écriai-je enfin, sachant à peine ce que je disais, et je me dirigeai à grands pas vers le bateau. M. Bleaks me regardait avec un profond étonnement. Je lui recommandai, d'un ton bref et sec, de donner plus de soins à mes plantations, et j'allais mettre le pied sur le bateau, lorsque mes vingt-cinq nègres accoururent en hurlant de derrière la maison.

« Massa, Dieu tout-puissant! Massa, massa, rester avec nous! » vociféraient les hommes.

« Massa! bon massa! pas s'en aller! M. Bleaks! » criaient les femmes.

Je fis signe au capitaine d'attendre un instant.

« Que voulez-vous? » leur dis-je un peu ému.

Un des esclaves s'avança et découvrit ses épaules. Deux autres suivirent son exemple. Ils étaient tous trois sillonnés de cicatrices et de traces de coups de fouet.

Je jetai un regard sévère sur Bleaks, qui grimaça un sourire féroce. Il était heureux, pour mon honneur et pour ma conscience, que mes pauvres nègres en eussent ainsi appelé à moi. J'allais, avec mon insouciance habituelle, suivre un homme que je connaissais à peine, sans m'inquiéter le moins du monde de vingt-cinq êtres humains dont j'étais responsable et que j'avais laissés en d'aussi mauvaises mains. Je m'excusai à la hâte auprès de M. Menou, et je pris congé de lui, après avoir promis d'aller bientôt visiter son habitation et recevoir les communications qu'il pouvait avoir à me faire. Il ne me répondit rien ; mais s'empressant de monter sur le bateau, il dit quelques mots à l'oreille du capitaine, puis disparut par l'escalier qui conduisait aux salons. Je ne songeais déjà plus à lui et je marchais vers la maison, entouré de mes noirs, lorsque j'entendis le bruit des roues qui recommençaient à battre l'eau : le bateau s'éloignait de la rive et poursuivait son voyage. Au même instant, je me sentis saisir par le bras ; je me retournai vivement : c'était mon créole !

Voilà qui est intolérable ! pensai-je. Je m'étonne qu'il n'ait pas amené ses deux filles : la mystification eût été complète.

« Vous aurez besoin de moi pour vous débarrasser de ce *coquin*, dit Menou tranquillement. Nous allons régler tout cela aujourd'hui ; demain mon fils sera ici, et après-demain vous m'accompagnerez chez moi. »

Je ne soufflai mot. A quoi bon ? Je n'étais plus mon maître. Cet homme extraordinaire s'emparait d'autorité de l'administration de mes affaires.

Mes pauvres esclaves riaient et pleuraient de joie ;

je leur apparaissais en ce moment comme un sauveur. Je leur dis de se retirer dans leurs cases et que je les ferais appeler lorsque j'aurais besoin d'eux.

« Le diable emporte ces moricauds, dit Bleaks en les voyant s'éloigner. Ils ont besoin du fouet : il y a trop longtemps qu'ils n'en ont tâté. »

Sans répondre à cette observation, j'ordonnai à la vieille Sibylle d'aller me chercher Beppo et Mirza, et je fis signe au gérant de me laisser. Il ne parut pas disposé à obéir.

« Ceci a l'air d'une enquête, dit-il d'un ton goguenard, et je me permettrai d'y assister.

—Pas d'impertinences, s'il vous plaît, monsieur Bleaks, lui dis-je. Ayez la bonté de vous retirer, et d'attendre mes ordres.

—Et vous, pas de vos grands airs, répliqua mon honnête intendant. Nous sommes dans un pays libre, et vous n'avez pas affaire à un nègre. »

C'était un peu trop fort. «Monsieur Bleaks, dis-je, à partir de ce moment, vous n'êtes plus à mon service. Votre engagement expire le 1ᵉʳ juillet; vous serez payé jusqu'à cette époque.

—Je ne sors pas d'ici que je n'aie reçu le montant de mes gages et de mes avances, » répliqua-t-il d'un ton bourru.

La froide impudence de ce maraud commençait à faire bouillonner mon sang. « Apportez-moi votre compte, » dis-je.

Bleaks appela sa femme, qui se montra presque aussitôt à la porte de l'appartement. Ils échangèrent quelques mots, puis elle disparut. J'ouvris, en attendant, ma valise et je jetai les yeux sur quelques papiers qui s'y trouvaient. Je n'avais pas encore fini, que mistress Bleaks rentra avec les livres de comptes qu'elle posa sur la table; puis, se plantant au milieu de la chambre, les poings sur les hanches, elle parut déterminée à assister, comme témoin, à l'explication qui allait avoir lieu. Ce que voyant, son époux alla sans façon chercher dans la pièce voisine une couple de chaises, sur lesquelles lui et sa tendre moitié s'installèrent. Et vérité, pensai-je, notre glorieux régime de liberté et d'égalité a bien aussi parfois ses inconvénients.

« Du 20 décembre, commença mon gérant, livré à M. Merton vingt-cinq balles de coton et quatre muids de tabac en feuilles; du 24 janvier, vingt-cinq balles de coton et un muids de feuilles de tabac.

— C'est bien, dis-je.

— C'est toute notre récolte, dit le gérant.

— Elle est bien inférieure, fis-je observer, celle de l'année précédente. Celle-ci avait donné quatre-vingt-quinze balles et cinquante muids.

— Si monsieur n'est pas content, répliqua M. Bleaks, il aurait dû rester chez lui et s'occuper de ses affaires, au lieu d'aller courir le monde.

— Et de nous laisser pourrir dans ce trou à fièvre, sans argent ni rien, ajouta Mme Bleaks.

— Ensuite? dis-je à l'homme.

— C'est tout. J'ai reçu de M. Merton six cents dollars : il m'en revient encore trois cents.

— Très-bien.

— De plus, j'ai avancé pour maïs, farine, jambon, porc salé, couvertures et cotonnades, quatre cents dollars, ce qui fait sept cents; plus quatre mille échalas pour réparer les clôtures; total sept cent quarante dollars. »

Je courus dans la chambre voisine, qui me serait de cabinet, je trouvai une plume et une écritoire sur mon bureau en désordre; j'écrivis à la hâte un bon sur mon banquier, et je rentrai dans l'appartement. J'étais résolu à me débarrasser de cet homme à tout prix.

« Permettez, dit le créole » qui avait été un témoin muet de toute cette scène; et il voulut s'emparer du papier que je tenais à la main.

— Pardon, monsieur, interrompis-je, vexé de cette intervention officieuse; mais je désire en cette circonstance agir comme bon me semble. »

Le créole ne se rebuta point. « Je ne vous demande qu'une minute, reprit-il avec son calme ordinaire, et la permission d'adresser deux ou trois questions à votre intendant. M. Bleaks aurait-il l'obligeance de relire encore une fois son compte?

—Je n'en vois pas la nécessité, répondit le gérant d'un ton grossier.

—En ce cas, je le ferai pour vous, dit Menou. Du 20 décembre, livré à M. Merton vingt-cinq balles de coton et quatre muids de feuilles de tabac. N'est-ce pas cela? »

Bleaks ne répondit pas.

« Du 23 décembre, à MM. Goring, vingt balles de coton et un muids de tabac. N'est-ce pas cela? »

Mon gérant lança au créole un regard furieux, mais embarrassé; sa femme changea de couleur.

« Du 24 janvier, à M. Groves, vingt-cinq balles et un muids; plus, du 10 février, vingt-deux balles et sept muids à MM. Goring. N'est-ce pas exact?

—Tas de mensonges! balbutia Bleaks avec un jurement.

—Mensonges dont j'ai les preuves en main, répliqua l'impitoyable Menou. Monsieur de Vignerolles, cet homme vous doit plus de deux mille dollars, qu'il vous a volés; et je serai en mesure de prouver qu'il s'est encore approprié, à votre préjudice, une autre somme de cinq cents dollars. »

Mes infidèles serviteurs étaient pâles de rage et de confusion; quant à moi, ces révélations inattendues m'avaient jeté dans un étonnement qui m'ôtait l'usage de la parole.

« Nous n'avons pas de temps à perdre, me dit le créole à l'oreille, si nous ne voulons pas que ces gens-là nous échappent. Demandez sur-le-champ un ordre d'arrestation au juge T***, et faites prévenir le shériff et les constables. Ils ne peuvent guère descendre la rivière sans être pincés, mais il est probable qu'ils chercheront à la remonter. »

Je pris aussitôt les mesures nécessaires et j'expédiai au magistrat Bangor un de mes nègres les plus actifs. « Il faut écrire de suite à la maison Goring, » me dit le créole.

Au bout d'une heure tout était prêt. Justement, *le Montezuma* descendait la rivière, laissant derrière lui une longue traînée de fumée. Ayant fait prier le capitaine de descendre à terre, nous lui exposâmes sommairement l'état des choses, et après lui avoir remis nos lettres nous nous disposions à le reconduire à son bâtiment, lorsque nous observâmes un individu qui se glissait mystérieusement derrière la haie et les piles de bois, se dirigeant en toute hâte vers le bateau. C'était M. Bleaks en personne, qui avait pensé que, dans les circonstances actuelles, une excursion à la Nouvelle-Orléans pourrait être utile à sa santé. Nous trouvâmes mon digne intendant caché parmi les gens de l'équipage, et en train de se métamorphoser en nègre à l'aide d'une poignée de suie. Nous dérangeâmes, comme on peut le croire, ses projets de voyage, et il fut ramené à son domicile. Nous prîmes des précautions pour prévenir une seconde tentative d'évasion et le lendemain matin, nous remettions mon fripon entre les mains des officiers de justice.

« Mais, mon cher monsieur Menou, dis-je au créole, avec qui je dégustais, après dîner, une seconde bouteille d'un excellent chambertin dont le brave homme n'avait pas oublié de faire mettre à terre avec lui une petite provision ; expliquez-moi donc comment il se fait que vous m'ayez témoigné tant d'intérêt, un intérêt dont je m'étais montré, je puis en convenir, si peu digne !

— Ha ! ha ! vous ne comprenez pas, vous autres aristocrates, répondit Menou, moitié en riant, moitié sérieusement, qu'on puisse prendre quelque intérêt aux affaires d'autrui, et les républicains yankees ne le comprennent pas davantage. Cela passe leur égoïsme républicain et votre orgueil national, qui fait que vous nous regardez, nous autres créoles et le reste du monde, comme des êtres d'un ordre inférieur. Nous, au contraire, nous ne négligeons pas nos petits intérêts, mais nous pensons quelquefois aussi à nos voisins. Je suis parfaitement au courant de vos affaires, et j'espère que vous ne pensez pas que j'aie fait un mauvais usage de mes renseignements. »

Pour toute réponse, je lui serrai cordialement la main.

« Nous n'avons pas en général, poursuivit-il, une excessive sympathie pour vous autres messieurs du nord ; mais vous faites exception : vous avez dans le sang beaucoup de notre étourderie française, et beaucoup aussi de notre générosité. »

Je ne pus m'empêcher de sourire de cette franchise naïve.

« Vous êtes resté trop longtemps hors de chez vous et loin de ceux qui désirent être vos amis ; et si tout ce qu'on dit est vrai, vous n'auriez pas précisément à vous féliciter du résultat de vos voyages. »

Je me mordis les lèvres ; l'allusion à mon affaire de New-York était assez claire.

« Après tout, continua le créole avec un sourire imperceptible et plein de bonhomie, il n'y a pas grand mal : une belle dame de New-York serait un peu dépaysée dans une habitation de la rivière Rouge. Mais parlons d'autre chose. Mon fils sera ici demain : votre propriété n'a besoin que d'un peu de soin et d'un petit capital de sept à huit mille dollars pour être, dans une couple d'années, une des meilleures habitations de la Louisiane. Mon fils se chargera de mettre tout en ordre ; et en attendant, vous viendrez passer quelques mois chez moi.

— Mais, monsieur Menou....

— Pas de *mais*, monsieur de Vignerolles ! vous avez les fonds ; il faut que vous achetiez encore une vingtaine de nègres ; nous vous en choisirons quelques-uns ; demain, tout cela sera arrangé. »

Le lendemain, en effet, nous vîmes arriver le jeune Menou ; c'était un garçon de vingt ans, plein d'intelligence et d'activité. Nous passâmes la journée à visiter mes plantations, et au bout de quelques heures, ce jeune homme avait toute ma confiance. Je lui recommandai mes intérêts et mes esclaves ; et le même soir, je m'embarquai avec son père à bord du bateau à vapeur *le Ploughboy*, qui devait nous transporter à l'habitation des Menou.

II. La vie créole.

Il faisait déjà jour lorsque le bateau s'arrêta. Je débarquai avec Menou ; nous trouvâmes sur la rive une voiture qui nous attendait, et qui, malgré la singularité de sa forme surannée, nous emporta assez rapidement. Je venais de m'endormir dans mon coin, lorsque je fus réveillé par une voix fraîche et musicale, qui s'écria : « *Les voilà !* » Je regardai, je me frottai les yeux ; c'était Louise, la fille cadette du créole ; elle était sortie sous la galerie légère qui entourait l'habitation, pour nous recevoir. Combien en trouverions-nous, de nos beautés du nord, qui s'arracheraient à six heures du matin d'un lit bien chaud pour faire accueil à leur papa et à un étranger, et qui auraient la délicate attention de leur tenir du café tout prêt, pour combattre le mauvais effet des vapeurs du matin sur la rivière? M. Menou, cependant, ne parut trouver rien d'extraordinaire à voir sa fille levée de si bonne heure, et commença à s'informer si les gens avaient eu leur déjeuner et s'ils étaient à l'ouvrage. Sur ce point et sur une foule d'autres, Louise était en mesure de lui donner tous les renseignements qu'il désirait. Il fallait, certes, qu'elle eût fait un merveilleux usage des vingt-quatre heures qui s'étaient écoulées depuis son retour à la maison paternelle, pour être ainsi au courant de tout ce qui concernait ses noirs sujets et pouvoir raconter comme quoi Caton s'était enfoncé une écharde dans le pied, comme quoi Pompée avait eu un accès de fièvre, et cinquante autres détails du même genre, sans doute fort intéressants pour Menou, mais qui finirent par me donner une légère envie de bâiller. Je m'amusai, pour me distraire, à examiner la salle à manger, dans laquelle nous nous trouvions alors; l'ameublement et l'ensemble de cette pièce me donnèrent une idée plus favorable de la civilisation des créoles et de leurs idées du *comfortable*. Une natte neuve, et d'un dessin élégant, recouvrait le plancher; le buffet, malgré son caractère antique, était solide et beau; tables, chaises et canapés étaient de fabrique française. Quelques gravures, dont les sujets appartenaient à l'époque de Louis XIV et de Louis XV étaient suspendues aux murailles. Toute cette pièce respirait un air français, mais qui n'avait rien de la république, ni de l'empire, ni de la restauration : c'était comme un parfum de l'ancienne monarchie, une réminiscence des temps antérévolutionnaires.

Comme j'achevais mon inspection, Louise avait répondu à toutes les questions de son père, et nous sortîmes pour visiter l'extérieur de la maison.

Elle était située au pied d'un mamelon de forme conique, la seule élévation de terrain qui existât à plusieurs milles à la ronde : du côté de l'est, du sud et du couchant, elle était comme enchâssée dans un large cadre d'acacias et de cotonniers ; mais elle était exposée, du côté du nord, au souffle de Borée, si agréable dans nos climats. Un petit ruisseau, clair et limpide, du moins pour la Louisiane, descendait du monticule et alimentait une tannerie. L'habitation se composait de trois corps de logis distincts, bâtis à différentes époques par l'aïeul, le père et le fils, et maintenant réunis. La portion la plus considérable avait été construite par le propriétaire actuel. Il me sembla qu'il eût été beaucoup plus simple de démolir les constructions antérieures et de bâtir une maison compacte. Le créole n'avait pas jugé à propos de procéder ainsi; et il me donna, pour expliquer sa conduite, une raison qui faisait honneur à son cœur. « Je veux, me dit-il, que mes enfants n'oublient jamais ni les travaux de leurs ancêtres, ni les privations qu'ils se sont imposées pour assurer une existence plus heureuse à ceux qui viendraient après eux.

— Et ils ne les oublieront jamais, » dit une voix derrière nous.

Je me retournai.

« *Madame Menou, j'ai l'honneur de vous présenter notre voisin et compatriote M. de Vignerolles.*

—*Qui restera longtemps chez nous,* » ajoutèrent les deux filles, qui, s'élançant en avant, sans me laisser le temps de saluer leur mère, s'emparèrent de mes deux mains; et, m'entraînant vers la maison, me conduisirent, par une demi-douzaine de passages et de corridors en zigzag, à la chambre qui m'était destinée. C'était une pièce de forme hexagonale, située immédiatement au-dessus d'un petit lac artificiel, que traversait le ruisseau dont j'ai déjà parlé : cette position en faisait l'endroit le plus frais de la maison, et c'est par ce motif qu'on me l'avait réservée. Lorsque j'eus exprimé mon entière satisfaction, mes aimables guides me ramenèrent auprès de leurs parents. Je trouvai en Mme Menou une personne supérieure, dont la figure exprimait la bonté, et dont les manières étaient pleines d'aisance et d'affabilité. Elle me reçut comme si nous eussions été de vieilles connaissances, sans compliments ni discours cérémonieux, sans même chercher à donner à ses traits cette sorte d'expression factice, de grimace conventionnelle, que beaucoup de personnes se croient tenues d'affecter en pareille occasion.

Cependant Julie et Louise étaient occupées, dans la pièce voisine, à passer en revue, pour la troisième ou quatrième fois au moins, les mille et une emplettes qu'elles avaient faites à la Nouvelle-Orléans. La maman présidait à cet examen des dentelles, gros de Naples, indiennes, gazes et innombrables chiffons qui, après avoir glissé rapidement entre les doigts délicats de ses filles, étaient soumis à son approbation. La bonne mère trouvait tout charmant, et, ce qui est plus merveilleux, chaque chose avait sa destination ; je ne comprenais pas (tant était alors bornée mon intelligence des choses féminines) qu'il fût jamais possible à ces dames d'employer les centaines d'aunes d'étoffe qui encombrèrent bientôt les chaises, les tables et les canapés, et qui me paraissaient devoir suffire pendant cinq ans au moins à la consommation de la moitié du beau sexe de la Louisiane. Cet intérieur créole offrait un délicieux tableau d'innocence et de bonheur : rien d'artificiel, rien qui sentît la gêne ; une conversation légère et enjouée, sans jamais franchir les bornes des convenances ; une maison tenue avec un ordre admirable, chacun ayant sa tâche et paraissant s'en acquitter sans effort. Cependant mes rapports avec la famille Menou sont de trop fraîche date pour que je puisse avoir à son égard une opinion bien arrêtée : quelques jours encore, et je serai plus en état d'asseoir mon jugement. Mais laissons les dames à leurs graves occupations et accompagnons M. Menou, qui me propose de faire un tour sur ses plantations. Elles sont admirablement situées, en parfait état d'entretien, et sillonnées de nombreux canaux d'irrigation, pratiqués à travers des champs de cotonniers et de maïs. Il y a là plus de trois cents acres en culture, la récolte annuelle est de deux cent cinquante balles; c'est un joli revenu. Trois enfants seulement, et une propriété de près de quatre mille acres; cela vaut la peine d'y songer. Et M. Menou a soixante nègres et négresses, sans parler de toute une colonie de négrillons, et ses deux filles ne sont pas si mal. Des roses et des lis!... surtout Louise. Eh bien! nous y réfléchirons.

« A propos, me dit le créole, comme nous traversions un champ de maïs, vous avez trois mille dollars chez les Goring? »

Je fis un signe affirmatif.

« Et huit mille chez M. Lassalle?

— Et comment savez-vous cela, mon cher monsieur Menou? »

Je dois faire observer ici, en forme de parenthèse, qu'il y avait environ cinq ans que j'avais prêté ces huit mille dollars à Lassalle; et quoique dans cet intervalle il se fût présenté plus d'une occasion dans laquelle cet argent m'aurait été fort utile, l'indolence naturelle de mon caractère et d'absurdes notions de générosité et de dévouement à l'amitié, que j'avais puisées dans certains romans, m'avaient empêché de les réclamer, et Lassalle, de son côté, ne m'avait jamais parlé de remboursement. Je fus contrarié, je ne saurais trop dire pourquoi, de voir que Menou eût connaissance d'une affaire que je croyais être un secret entre Lassalle et moi.

« Et comment savez-vous cela, mon cher monsieur Menou? »

Cette question le fit sourire.

« Vous oubliez, répondit-il, que j'arrive de la Nouvelle-Orléans. On entend et on apprend bien des choses, pour peu qu'on prête l'oreille aux commérages de la haute société de la capitale.

— Ainsi mes faits et gestes ont servi de sujet de conversation aux commères de la Nouvelle-Orléans? dis-je.

— Que cela ne vous tourmente pas, répliqua Menou; laissez jaser le monde, et prouvez-lui que vous avez plus de bon sens qu'il ne vous en suppose. Voulez-vous consentir à vous mettre, pendant quelque temps, sous ma tutelle?

— Très-volontiers, répondis-je.

— Et vous promettez de suivre mes conseils? Réfléchissez avant de répondre.

— Je vous le promets.

— En ce cas, continua Menou, vous allez commencer par mettre à ma disposition, pour en faire tel usage que je jugerai convenable, huit des onze mille dollars qui sont en ce moment complétement improductifs pour vous.

— Et Lassalle? dis-je.

— Lassalle en a moins besoin que vous. Il est bien d'être généreux, mais il ne faut pas que ce soit à nos dépens. Voici un reçu de la somme en question; j'aurai à vous rendre compte de l'emploi que j'en aurai fait. »

Et en disant ces mots, il me présenta le reçu. Il avait évidemment dressé d'avance son petit plan dans mon intérêt. Il me répugnait beaucoup, à la vérité, de répondre à l'hospitalité de Lassalle en lui redemandant l'argent que je lui avais prêté; mais, d'un autre côté, il eût été par trop chevaleresque de laisser ma propriété dépérir et achever de tomber en ruine faute des fonds qu'il faisait valoir à son profit; d'ailleurs j'avais donné ma parole à Menou. Je mis donc son reçu dans ma poche avec mes idées romanesques, et je me dirigeai vers la maison, afin de lui donner un bon pour toucher la somme.

Julie et Louise parurent à peine s'apercevoir de notre retour. Elles avait toutes deux les mains pleines, l'une de fruits qu'elle disposait dans des corbeilles, l'autre de guingans et de mousselines qu'elle déchirait vigoureusement et à grand bruit. A souper, cependant, elle furent aussi gaies que jamais : on eût dit qu'elles avaient secoué le joug de leurs travaux journaliers, et qu'elles commençaient une nouvelle existence. Mais, vers huit heures, elles parurent fatiguées d'être assises; elles se dirent un mot à l'oreille, puis, se levant de table, elles passèrent légèrement dans une pièce voisine. L'instant d'après les sons harmonieux d'un piano se firent entendre.

A ce signal, nous nous rendîmes au salon. Une belle Mexicaine était au piano, et les deux jeunes filles n'attendaient que des cavaliers pour ouvrir la danse. Julie s'empara de son père, Louise m'échut en partage, et nous dansâmes un cotillon avec autant de vivacité et d'entrain que si les danseurs et la galerie eussent été plus nombreux. La conversation, la musique remplirent tour à tour les intervalles de la danse ; et onze heures nous surprirent avant que nous nous fussions aperçus de la longueur de la soirée.

« *Voici notre manière créole*, me dit Menou en

me quittant à la porte de ma chambre; chez nous chaque chose a son temps. la causerie, le jeu, le travail, la prière et la danse : tout est réglé. Nous tâchons de nous arranger de manière que nos plaisirs, comme nos occupations, n'empiètent point les uns sur les autres ; c'est le secret du bonheur. Aussi, au milieu même de notre isolement, nous ne trouvons jamais le temps de nous ennuyer. Bonne nuit. »

III. Dénoûment.

Deux mois s'étaient écoulés comme deux jours. Je m'étais insensiblement identifié à la famille Menou, et j'étais devenu tellement rangé et tellement économe que c'est à peine si je me souvenais de la couleur d'un dollar et de la figure d'un billet de banque. Le temps passait si légèrement et si agréablement, il y avait tant de charme dans cette vie douce et patriarcale, qu'il était facile d'oublier le monde avec ses agitations, ses plaisirs et ses soucis. L'horizon de mes pensées s'étendait rarement au delà de ce qui se passait immédiatement autour de moi : des piles de journaux s'accumulaient sur ma table sans être ouverts, et chaque jour m'attachait par un lien de plus à cette heureuse existence. Je me levais de bonne heure, et après avoir passé ma veste et mon pantalon de toile, j'accompagnais M. Menou dans les champs et aux presses à coton. L'après-midi se passait à examiner des comptes, à rire aux dépens des rédacteurs du *Morning-Courier* ou de la *Commercial-Gazette*, et la soirée était consacrée aux dames, qui savaient varier agréablement nos plaisirs.

Je ne restai pas longtemps dans la maison de M. Menou sans découvrir tous les charmes que la nature avait prodigués à Louise. Sa sœur ainée était, à mon goût, d'une taille un peu trop largement développée, et l'expression de ses traits laissait peut-être à désirer sous le rapport de l'intelligence et de la finesse; mais Louise était de tout point une charmante personne, sa taille était svelte et bien prise, sa physionomie fine et enjouée; ses mains et ses pieds auraient pu servir de modèles. En un mot, je commençai à penser sérieusement que l'affection d'une pareille femme me dédommagerait amplement des tribulations que j'avais éprouvées dans mes entreprises matrimoniales. Il faut commencer, pensai-je, par mettre ma maison en ordre.

« Auriez-vous la bonté de me prêter votre voiture pour aller jusqu'à la rivière? dis-je à Menou.

— Avec grand plaisir. C'est une promenade que vous voulez faire, j'imagine?

— C'est mieux que cela. Je désirerais voir comment vont les choses sur mon habitation.

— Vous partez? » s'écrièrent Mme Menou et

Julie. Louise ne dit rien; mais pour la première fois de cette matinée, ses yeux rencontrèrent les miens.

« C'est indispensable; mais si vous voulez le permettre, je vous rendrai très-prochainement une seconde visite. »

Les roses avaient disparu des joues de la pauvre Louise, et je crus voir une larme briller dans ses yeux. Il s'écoula plusieurs minutes sans que personne prononçât une parole. Ce fut le créole qui rompit le silence.

« Vous paraissiez heureux ici, dit-il; serait-il survenu quelque chose?

— Oui, quelque chose de fort important pour moi, et qui m'oblige à partir sur-le-champ. »

Louise venait de sortir. Je me précipitai sur ses pas et je la rejoignis avant qu'elle fût arrivée à sa chambre.

« Louise! » Elle pleurait. « Je pars aujourd'hui.

— Je le sais.

— Afin de mettre ma maison en ordre.

— Mon frère s'en occupe déjà, dit-elle. Pourquoi nous quitter?

— Parce que je veux voir de mes propres yeux si tout est prêt et convenablement disposé pour recevoir ma Louise. Consentirez-vous alors à m'accompagner chez moi comme mon épouse chérie? »

Elle leva sur moi un regard rayonnant de joie

et de confiance ; puis, timide et confuse, elle se hâta de baisser les yeux.

« Prenez-la, mon cher enfant, dit son père qui nous avait suivis sans que nous l'eussions remarqué ; c'est la meilleure des filles, et je suis sûr qu'elle fera une excellente femme. »

Louise se laissa tomber dans mes bras. Une heure après, j'étais en route.

Me voilà donc enfin irrévocablement engagé, et mon célibat touche à son terme. Je sentais que j'avais fait un choix judicieux. Louise était vraiment une excellente fille ; pleine de bon sens, d'activité, de bonne humeur, elle réunissait toutes les qualités qui convenaient à mes goûts et à ma position. Mais j'avais peine à concevoir que tout cela me fût arrivé dans l'espace de quelques heures, à moi qui avais vécu pendant deux mois sous le même toit qu'elle, sans que l'idée d'en faire ma femme eût une seule fois passé par ma tête.

Il était quatre heures de l'après-midi lorsque j'arrivai à mon habitation ; tout avait tellement changé d'aspect depuis ma dernière visite, que peu s'en fallut que je ne passasse devant elle sans la reconnaître. Les troncs d'arbres et les embarras de toute espèce qui encombraient les abords de la maison avaient disparu ; le jardin, agrandi, était entouré d'une palissade neuve et solide ; une élégante galerie en bois, sous laquelle travaillaient deux charpentiers noirs, s'étendait devant toute la façade et sur les côtés de la maison. A peine avais-je mis pied à terre que je vis le jeune Menou qui venait au-devant de moi. Je lui serrai cordialement la main et lui exprimai ma reconnaissance des peines qu'il s'était données et l'étonnement que me causaient tant d'améliorations réalisées en si peu de temps.

« Comment, lui dis-je, avez-vous pu opérer de tels miracles?

— Très-facilement, répondit Menou. Vous nous avez envoyé quinze nègres, mon père m'en a prêté dix des siens; avec ce renfort, ajouté aux vingt-cinq que vous aviez déjà, nous avons pu faire de la besogne. Nous mettons en ce moment la dernière main à votre presse à coton, qui était dans un triste état. »

Je traversai le jardin et j'entrai sous la galerie. Les pièces qui avaient vue sur cette galerie étaient toutes arrangées de la manière la plus confortable. Dans la principale chambre à coucher, une jeune négresse travaillait à un élégant moustiquaire; la vieille Sibylle, vêtue d'une robe de calicot aux couleurs éclatantes, la figure brillante de satisfaction, époussetait les meubles du parloir, sur lesquels on n'apercevait cependant aucune trace de poussière.

« A propos, dit le jeune Menou, ouvrant un pupitre, voici plusieurs lettres qui sont arrivées pour vous ces jours-ci, et que, au milieu de mes occupations, j'ai oublié de vous envoyer. »

Je les décachetai ; deux de ces lettres étaient de Lassalle : par la première, il m'invitait à aller passer quelque temps chez lui ; par l'autre, d'une date plus récente, il renouvelait cette invitation et exprimait sa surprise de me voir si profondément absorbé dans les charmes de la vie champêtre. Il ajoutait, par post-scriptum et sans doute avec intention, qu'il attendait de jour en jour une amie de sa femme, la belle Émilie Warren. Mais des huit mille dollars, pas un mot ; ce qui ne me surprit pas médiocrement, car Lassalle n'était pas homme à garder le silence sur une question qui pouvait affecter ses intérêts mondains, et je m'attendais à ce qu'il aurait été piqué du retrait subit de mes fonds. Au contraire, il ne faisait pas même allusion à la lettre que j'avais donnée à Menou et par laquelle j'autorisais ce dernier à toucher la somme en question.

« Ces lettres, dis-je au jeune Menou, me mettent dans la nécessité de retourner immédiatement chez votre père.

— Vraiment ! s'écria-t-il avec étonnement.

— Oui, répliquai-je ; justement, j'entends un bateau à vapeur qui remonte la rivière, et j'en vais profiter. »

Le jeune homme me regarda, de plus en plus surpris; la vieille Sibylle hocha la tête. Mais je suis d'un caractère tellement impatient, tellement impétueux, qu'une fois que j'ai résolu une chose, je n'en saurais différer l'exécution d'un seul instant. Au fond, il n'y avait aucun motif sérieux qui pût me retenir sur mon habitation; les nouvelles dispositions, les améliorations que j'avais cru trouver seulement en voie d'exécution, étaient complétement achevées, ou à peu de chose près, et chaque minute qui me séparait de l'heureux moment où je devais ramener Louise maîtresse de ma maison et de mon cœur me semblait un siècle. Je me hâtai de descendre à la rivière et de héler le bateau : c'était le même qui m'avait amené deux mois auparavant.

« Monsieur le comte, me dit le capitaine en me recevant à bord, je suis charmé de vous revoir sur mon pont; votre habitation a tout une autre tournure; vous faites vraiment des miracles. »

J'étais assez embarrassé de ce compliment si peu mérité. Un des meilleurs traits du caractère américain est l'hommage universellement rendu à l'industrie et à l'intelligence. Chez les Américains, le riche oisif attendra vainement la considération et la flatterie qu'une faible portion de ses trésors suffirait pour lui procurer dans beaucoup d'autres pays; tandis que l'homme moins favorisé de la fortune, qui gagne son pain et fait son chemin à l'aide du travail de ses mains et de sa tête, peut toujours compter sur l'estime et le respect de ses concitoyens. A mon retour dans la Louisiane, on faisait fort peu de cas de ma personne. J'étais un frêlon dans la ruche; j'avais de l'argent, disait-on, mais je n'avais ni talent, ni persévérance; mon gérant était un personnage plus important que moi. Mais le changement récemment survenu dans l'aspect de ma propriété, et qu'on attribuait, bien à tort, à ma présence, avait fait une révolution dans les idées; c'était maintenant à qui me ferait bonne mine et bon accueil; ce retour de l'opinion me flatta agréablement, je l'avoue.

Le lendemain matin, les Menou étaient à déjeuner lorsque je me présentai, échauffé par la marche de la rivière à l'habitation, devant la fenêtre du parloir. Je fus accueilli par un cri de joie.

« Déjà de retour! dit Menou; tout va bien, j'espère?

— Parfaitement bien; mais j'avais oublié quelque chose.

— Quoi donc?

— Ma Louise, répondis-je en m'asseyant auprès de la jeune fille qui rougit de plaisir. En arrivant dans mon désert, poursuivis-je, je l'ai trouvé transformé en un paradis si frais et si riant, que je serais le plus malheureux des hommes s'il restait plus longtemps privé de son Ève; ainsi donc, s'il plait à Dieu, nous partirons demain pour la Nouvelle-Orléans, où nous mettrons en réquisition les services du père Antoine et du digne recteur. »

Le papa et la maman poussèrent un cri de consternation. « Mais il n'y a rien de prêt, *point de trousseau*, rien au monde; soyez donc un peu plus raisonnable.

— Je pense là-dessus comme les Américains, répliquai-je en riant, et vous savez que quand les demoiselles yankees ont une paire de souliers et une robe, elles se trouvent parfaitement en mesure pour la cérémonie nuptiale.

— Eh bien! que sa volonté soit faite, dit Menou; nous pouvons, je crois, équiper notre mariée un peu mieux que cela.

— A propos, dis-je à Menou, tandis que les dames, tenant conseil entre elles, cherchaient à se remettre de l'espèce d'étourdissement que leur avait causé ma brusque détermination, et les huit mille dollars? Lassalle ne m'en parle pas.

— Ce n'était, répondit en souriant mon futur beau-père, qu'une expérience que je faisais sur vous. Je voulais voir si vous aviez assez de fermeté dans le caractère pour assurer votre propre bonheur; si vous n'étiez pas sorti vainqueur de cette petite épreuve, Louise n'aurait jamais été votre femme, eussiez-vous possédé toutes les plantations du Mississipi. Quant à l'argent, j'ai fait les avances nécessaires; vous pourrez régler avec M. Lassalle de la manière qui vous conviendra le mieux. »

Le lendemain matin, nous partîmes pour la Nouvelle-Orléans, Menou, Louise, Julie, qui devait remplir les fonctions de demoiselle d'honneur, et moi; Mme Menou resta à la maison. J'aurais désiré avoir le jeune Menou pour garçon de noces; mais sa présence était nécessaire à la plantation, et nous dûmes nous contenter de recevoir ses bons souhaits en passant. Après un voyage de vingt heures, nous débarquâmes dans la capitale et allâmes nous installer chez une sœur de Menou.

Je courais à la recherche du père Antoine, lorsque, au détour de la cathédrale, je me trouvai nez à nez avec Lassalle. Après les premiers compliments, et sans lui donner le temps de me faire de questions : « Attendez-moi, lui dis-je, au café des Négociants; je vous y rejoins dans un quart d'heure; » et je m'enfuis, le laissant tout ébahi de la précipitation de mes mouvements. Je trouvai le père Antoine et le recteur, et me hâtai d'aller à mon rendez-vous.

« Ne savez-vous pas, dis-je à Lassalle en l'entraînant par les rues, que je songe sérieusement à prendre femme?

— En ce cas-là, dit-il, il faut venir chez moi; Émilie Warren est arrivée. C'est une charmante fille et une grande amie de ma femme; vous êtes sûr que Clara prendra chaudement vos intérêts, et je crois qu'Émilie est justement la femme qu'il vous faut.

— J'ai peur que non, » répliquai-je en entrant brusquement avec lui dans l'église.

Lassalle ouvrit de grands yeux en voyant Louise, accompagnée de sa tante, de sa sœur, et de plusieurs de nos amis, s'avancer par un des bas côtés, et le père Anselme debout à l'autel.

« Que signifie tout ceci? » demanda-t-il.

Je ne lui répondis pas; mais je laissai la chose s'expliquer d'elle-même. Dix minutes après, Louise Menou était ma femme.

TABLE.

I. L'Arrivée.

I.	La Nouvelle-Orléans.................... Page	1
II.	L'esclavage aux États-Unis.....................	26
III.	Les Attakapas................................	29

II. La Plantation.

I.	La recherche de la terre promise. — Mme Allain....	41
II.	La prairie..................................	57
III.	Le marais..................................	70
IV.	Aza Nollins.................................	90
V.	Le blockhaus sanglant........................	107
VI.	La colonie..................................	135

III. La Famille.

I.	Un voyage sur la rivière Rouge.................	150
II.	La vie créole...............................	175
III.	Dénoûment.................................	184

FIN DE LA TABLE.

Imprimerie de Ch. Lahure (ancienne maison Crapelet),
rue de Vaugirard, 9, près de l'Odéon.

www.ingramcontent.com/pod-product-compliance
Lightning Source LLC
Chambersburg PA
CBHW071950110426
42744CB00030B/737